BOMBARDEMENT

DE

BARCELONE,

OU

VOILA LES BASTILLES !

Histoire de l'Insurrection et du Bombardement.—Documents historiques. — Opinion des Journaux espagnols, anglais et français. — Appréciation des faits.

PAR

M. CABET,

Ex-Député, Ex-Procureur-Général, Avocat à Paris.

Brochure in-8º (128 pages). — Prix : 1 f.

PARIS.

AU BUREAU DU POPULAIRE, RUE J.-J. ROUSSEAU, 44,
Vis-à-vis la Poste.

ET CHEZ LES PRINCIPAUX LIBRAIRES.

—

JANVIER 1843.

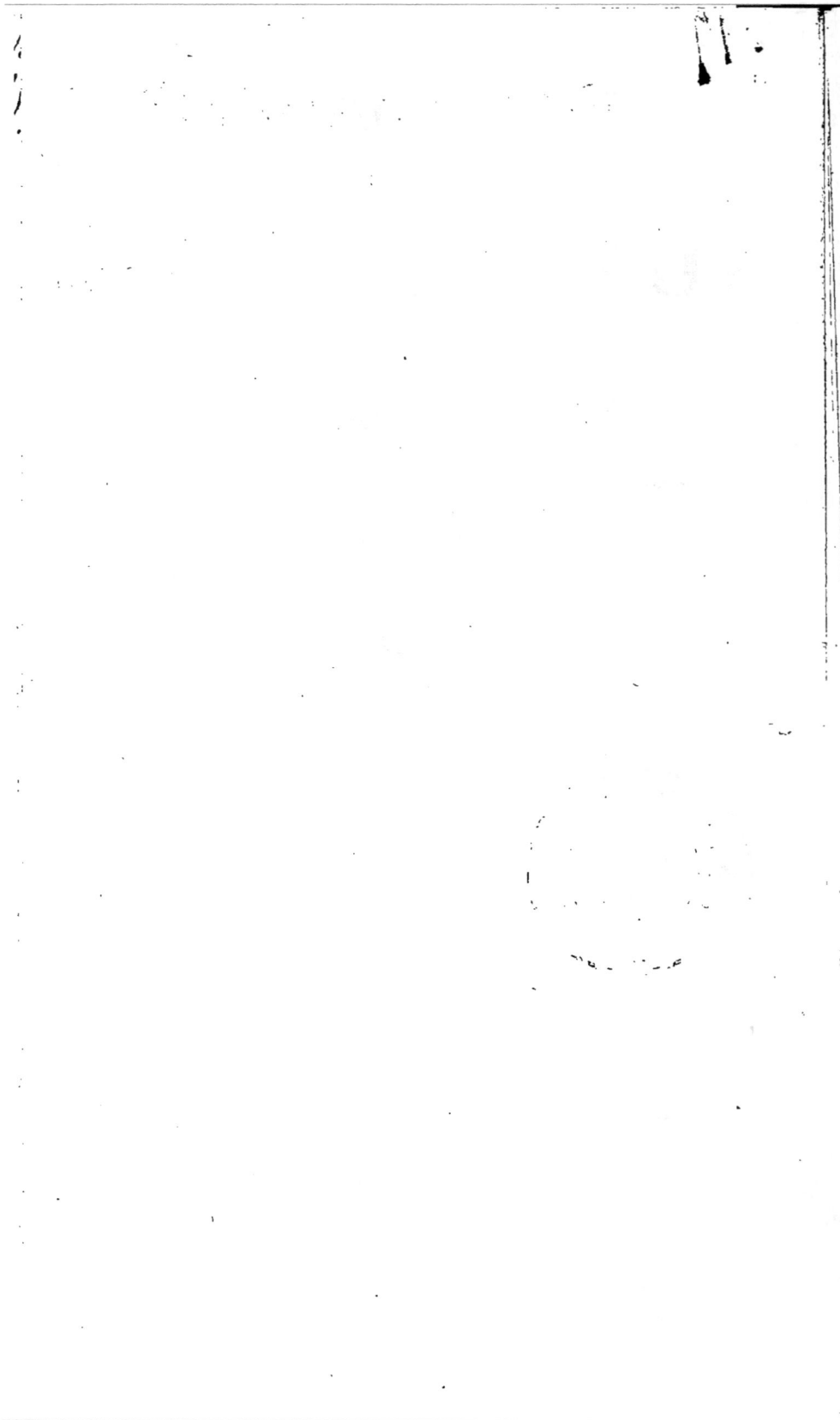

BOMBARDEMENT

DE BARCELONE,

ou

VOILA LES BASTILLES!

————

Deux mots de Réflexions préliminaires.

A quoi sert l'Histoire ? — A instruire les Nations et les Gouvernemens, les Partis et les Individus.

Eh bien, aucune Histoire ne présente autant d'utiles leçons que l'Histoire d'Espagne depuis 40 ans, autant surtout que l'insurrection et le bombardement de Barcelone; aucune ne montre mieux ce que sont les *bastilles*. Lisez, voyez, et ce rapide coup d'œil vous en donnera la conviction.

Voyez d'abord les vices, les fautes et les crimes des Gouvernemens qui maîtrisent ce brave et malheureux Peuple Espagnol. Nous ne dirons que deux mots sur Charles IV, sur Ferdinand, sur Christine, sur don Carlos, sur don Francesco, sur Espartero; puis nous arriverons aux Bastilles et au Bombardement : ce ne sera pas long.

CHAPITRE Ier. — Gouvernemens d'Espagne.

I. — Charles IV.

Tout était scandale à la cour de ce vieux et imbécile Monarque, mené par un simple Garde du corps, Godoï, amant notoire de la Reine, devenu favori du Roi, son Premier Ministre et son maître, sous le titre de *Prince de la Paix*.

Cet ambitieux parvenu, voulant forcer le jeune Prince royal, Ferdinand, à épouser la sœur de sa femme, celui-ci écrivit à Napoléon pour lui demander une épouse et sa protection. Cette démarche mit en fureur le favori,

Poussé par Godoï, le Roi fit arrêter son fils et l'accusa dé conspirer pour tuer sa mère et détrôner son père.

Voilà les personnages qui disposaient du sort de l'Espagne !

Le traître Godoï vendant pour ainsi dire l'Espagne à Napoléon, Madrid s'insurgea, arrêta le ministre, força le Roi à abdiquer, et proclama son fils Ferdinand VII. Et l'Espagne entière appela cet événement une légitime et glorieuse insurrection.

Nous ne parlons pas de l'arrivée du père et du fils à Bayonne, de l'abdication du fils en faveur du père, de l'abdication du père en faveur de Napoléon, de l'héroïque résistance de l'Espagne, de la CONSTITUTION DÉMOCRATIQUE des Cortès et de la restauration de Ferdinand en 1814.

II. — Ferdinand VII.

Restauré par le dévoûment et le courage de l'Espagne entière, l'imbécile Ferdinand se montra bientôt ingrat, despote et cruel. Puis quand une nouvelle insurrection, celle de l'île de Léon, eut éclaté contre lui, aux applaudissemens de l'Espagne entière ; quand les Généraux, les Nobles, les Prêtres eurent proclamé de nouveau la Constitution, il ne montra que lâcheté, dissimulation, hypocrisie, perfidie, appelant secrètement à son secours les Rois étrangers. Puis, quand les armées étrangères l'eurent, une seconde fois, restauré dans son pouvoir absolu, il se montra vindicatif, cruel et féroce, fit écarteler Riégo qu'il affectait auparavant de traiter comme un ami, et fit fusiller impitoyablement le général Torrijos et cinquante de ses compagnons. Puis, disposant arbitrairement de la couronne en mourant, il proclama sa fille Isabelle, encore au berceau, REINE d'Espagne, et sa veuve, Christine, RÉGENTE, à l'exclusion de son frère don Carlos.

III. — Christine et don Carlos.

Aux yeux de don Carlos et d'une grande partie des Généraux, des Nobles et des Prêtres, Christine n'était qu'une usurpatrice, une violatrice des lois, une voleuse de couronne, tandis qu'aux yeux de Christine et d'une grande partie des Généraux, de la Noblesse et du Clergé, don Carlos, lui déclarant la guerre pour lui ravir le trône, n'était qu'un conspirateur, un révolté, un rebelle, un provocateur de trahison, un ambitieux auteur de guerre civile. Que de perfidies, que de parjures, que de cruautés dans cette guerre de la part des Généraux, des Nobles et des Prêtres !

IV. — Christine et Espartero.

Délivrée de Don Carlos, Christine s'abandonne au despotisme. Sa

Garde se révolte et l'attaque dans son palais; des Généraux, entre autres Espartero, Van Halen, Zurbano, s'insurgent contre elle et entraînent Barcelone à s'insurger. Sa déchéance est prononcée, Espartero est Régent, et c'est à Barcelone principalement qu'il doit la Régence.

Aux yeux de Christine et de son Parti, Espartero n'est qu'un révolutionnaire, un traître, un parjure, un conspirateur, un révolté, un usurpateur, tandis que, aux yeux d'Espartero et de son Parti, Christine, qui tente de recouvrer son pouvoir par la guerre, n'est qu'une conspiratrice, une provocatrice au parjure, à la trahison, à la révolte, à la guerre civile et à tous les crimes.

Que de cruautés encore de la part du Général O'Donnel, qui s'empare de la bastille de Pampelune et bombarde la ville au nom de Christine, pour l'incendier ou la forcer de se soumettre à l'insurrection !

Que d'exemples de conspiration, de révolte, d'insurrection, de guerre civile, de férocité même, donnés au Peuple par les Nobles, par les Prêtres, par les Généraux, par l'Armée, par les Princes et les Rois ! Et tous ces gens-là traitent le Peuple de *canaille !* Tous ces gens-là qui n'ont jamais d'autre mobile que l'ambition, sont impitoyables envers le Peuple, quand la misère et l'oppression le poussent au désespoir !!!

V. — Espartero et don Francesco.

Don Francesco, frère de Don Carlos et oncle d'Isabelle, aspire à supplanter son frère, sa belle-sœur Christine et Espartero, en se faisant proclamer Régent, et en donnant la Reine pour épouse à son fils. Il joue le libéral, intrigue, conspire et se fait un parti. Forcé de se réfugier en France, il obtient de rentrer en Espagne et vient à Madrid : mais Espartero l'en expulse. Il ne sera pas loin de Barcelone quand l'insurrection éclatera ; et nous le verrons proclamé dans quelques villes.

VI. — Espartero et les Républicains.

C'est en vain qu'Espartero affecte la modération politique et le juste-milieu ; aux yeux des Carlistes et des Christinos, le Général devenu Régent par la révolte n'est qu'un soldat factieux, un révolutionnaire, un Jacobin, un brigand, tandis que, aux yeux des Démocrates et des Républicains, il se montre bientôt Aristocrate et Despote, visant au *despotisme militaire*, poussant l'excès de l'orgueil jusqu'à se pavaner du titre de *Duc de la Victoire*, en aspirant au rôle et au titre de *Napoléon espagnol*.

Aussi, c'est en vain que Barcelone et Valence, effrayées par le bombardement de Pampelune, veulent démolir leurs *bastilles*; Espartero les conserve pour enchaîner ou foudroyer les Républicains.

Nous supprimons les détails pour arriver plus vite. Bientôt tout le Parti Démocrate ou Républicain est mécontent. Il accuse Espartero de mal adminis'rer, de mal gouverner, de préparer la banqueroute, de ruiner l'Industrie et le Commerce, de se jeter dans les bras de l'Angleterre et d'achever la ruine de l'industrie espagnole par un traité de commerce qui, dans son intérêt personnel, ouvre et livre l'Espagne à l'industrie anglaise. On l'accuse de viser à la dictature et au despotisme militaire; on l'accuse même aujourd'hui d'avoir, de concert avec les Anglais, provoqué l'insurrection de Barcelone, pour faire un exemple de répression, contenir tous les mécontens par la terreur, publier ensuite son traité de commerce avec l'Angleterre, et gouverner enfin dictatorialement avec le secours des Anglais.

Tous les Partis dans les Cortès et dans la Presse sont prêts à se coaliser contre lui.

Quoi qu'il en soit, Barcelone s'insurge contre Espartero; celui-ci se sert de la Bastille pour la bombarder et la soumettre par le bombardement. La seconde ville d'Espagne, la fameuse capitale de l'ardente Catalogne est bombardée, incendiée, prise, exécutée militairement, ruinée par son Gouvernement, au moyen d'une bastille !

Et pour bien connaître, pour bien apprécier ce double évènement, pour en tirer toutes les leçons qu'il peut fournir, nous allons rapporter, le plus rapidement et le plus exactement possible, les documens officiels avec les récits et les jugemens de tous les journaux.

Nous nous permettrons d'y joindre notre appréciation personnelle.

Si l'on trouve trop de désordre et d'imperfection dans notre travail, la nécessité de la précipitation sera, nous l'espérons, notre excuse. Nous espérons aussi que ce travail n'en paraîtra pas moins l'un des plus utiles qu'on puisse soumettre à l'attention publique.

Car le bombardement de Barcelone commence pour l'Espagne une grande et terrible crise, qui doit intéresser tous les Partis, et qui n'aura pas une faible influence sur les destinées de la France et de l'Humanité.

CHAPITRE II. — Faits qui poussent à l'insurrection.

Nous venons de voir l'existence et les efforts de nombreux Partis, le despotisme d'Espartero, son projet de traité avec l'Angleterre, le mécontentement presque général; mais indépendamment de tous ces faits, qui poussent à l'insurrection, en voici quelques autres qui y poussent plus particulièrement.

I. — Guttierez, chef politique, despote.

Ce Chef politique (Préfet ou plutôt Gouverneur ou Vice-Roi), incapable et despote, opprime, vexe, irrite Barcelone : méprisé et haï, ses actes arbitraires poussent à l'insurrection.

II. — Van Halen, capitaine-général, déserteur, traître, faussaire.

Voici la biographie de Van Halen, l'un des séides d'Espartero, tracée en 1828 par le maréchal Suchet dans ses Mémoires :

« C'est un Belge ou un Hollandais employé par le Roi Joseph à Madrid, puis employé par le Duc de Feltre dans l'État-Major de l'armée de Catalogne. Il fit des dettes criardes à Barcelone, déserta à l'improviste, passa à l'ennemi sur un cheval volé, commit une foule de trahisons et de faux ordres avec lesquels il se fit livrer des places et amener des corps français dans des embuscades. »

Voilà l'homme que le Pouvoir a nommé *comte* de Peracamps, qui gouverne Barcelone, qui la pousse à l'insurrection par son despotisme et sa tyrannie, qui la bombardera, et disposera de son sort après le bombardement et la capitulation !

Mais, nous dit-on aujourd'hui, c'est une erreur ; le général Van Halen, déserteur et traître, n'est pas le comte de Peracamps, capitaine-général à Barcelone ; c'est son frère. — Eh bien, soit ; mais ce qui est imprimé ci-dessus n'en restera pas moins dans notre récit, car le frère d'un Général déserteur, traître et voleur, devrait être moins inexorable envers le malheureux Peuple !

III. — Tyrannie de Zurbano.

Zurbano cumule les fonctions de Général commandant à Girone et d'Inspecteur général des douanes. — Il paraît que c'est une espèce de tigre ou de hyène d'une figure hideuse et épouvantable. Voici ce que disent *les Débats :*

« Bien avant le soulèvement de Barcelone, Zurbano emprisonnait, jugeait, promulguait des arrêtés arbitraires, frappait des amendes, expropriait, confisquait et fusillait : le tout sans formalités, sans responsabilité d'aucune espèce. » (1)

IV. — Refus de démolir la citadelle de Barcelone.

L'*Observateur des Pyrénées-Orientales* du 18 dit :

« La ville de Barcelone ayant demandé la démolition de ce qui reste

---

(1) Lisez maintenant, à la dernière page, une *notice sur Zurbano.*

de sa citadelle, l'autorisation a été accordée à condition qu'une autre fortification fût élevée plus loin. Cette condition a été rejetée par la ville. »

Qui sait l'influence que cette demande de la Ville pour la démolition de la citadelle et le refus du Régent peuvent avoir eue sur les événemens ?

V. — Condamnation de Terradas.

Abdon Terradas, chef du parti républicain dans la Catalogne, avait été élu par ses concitoyens premier alcade de Figuières. Le Gouvernement ayant refusé de confirmer cette élection, le Peuple le réélit. Second refus; troisième élection. Après cinq élections et cinq refus, Terradas, pressé par les électeurs, exerce les fonctions de premier alcade. On le poursuit pour usurpation de fonctions publiques; mais le tribunal de première instance de Figuières l'acquitte. Appel, et la cour de Barcelone le condamne au *bannissement;* mais cette condamnation irrite tout le Parti républicain.

VI. — El Republicano.

Depuis un mois avant l'insurrection, le journal *el Republicano* (le Républicain), qui paraissait trois fois la semaine à Barcelone, prêchait ouvertement la révolution. Voici ce que dit *la Patrie:*

« Nous avons reçu un numéro du *Republicano* de Barcelone : c'est une feuille de petit format; elle n'est remplie que de pièces officielles déjà connues, et ne contient aucun fait nouveau. Mais on sera curieux sans doute de connaître la vignette symbolique dont elle est ornée et le programme révolutionnaire de la première colonne, qui est reproduit dans chaque numéro. Voici d'abord la description de la vignette :

» Un Catalan en veste, chaussé de la sandale rustique l'*alpargata*, coiffé du long bonnet rouge des montagnards, est debout sur des ruines, foulant aux pieds le sceptre, la couronne, le collier de l'ordre de Saint-Ferdinand, le manteau royal et un canon démonté. Armé d'une pique, il charge avec fureur et met en fuite quatre personnages en grand uniforme de général, dont l'un, décoré du grand cordon et de la plaque, représente le *régent*, et l'autre, qui porte un gros sac d'argent, son premier *aide-de-camp, Linage;* les deux autres sont *Van Halen* et *Zurbano*, ce dernier sous une figure *hideuse;* la foudre tombe des nues sur ce groupe. De l'autre côté se dresse la figure de la Justice nationale, sévère et menaçante, les yeux couverts d'un bandeau et levant son glaive prêt à le frapper; au sommet, l'œil de la Providence planant sur toute la scène. L'exécution est rude et grossière, mais d'une clarté éminemment significative.

» Voici maintenant le prospectus permanent intitulé : *Plan de la Révolution :*

» Quand le peuple voudra conquérir ses droits, il prendra les armes en masse au cri de *vive la République!*

» Il devra : — donner la mort à tous ceux qui lui résisteront; — détruire tout pouvoir étranger à sa volonté, c'est-à-dire tout ce qui constitue le système actuel, les cortès, le trône, les ministres, les tribunaux, en un mot, tous les fonctionnaires publics; — ne frapper que les hommes du pouvoir, sans descendre à des vengeances personnelles contre les vaincus soumis; — s'emparer des places fortes et des arsenaux, amalgamer la force populaire avec l'armée; — obéir pendant l'insurrection aux chefs qui la dirigent; — les fusiller après, s'ils laissent sur pied quelque dépositaire de l'autorité actuelle; — immédiatement après le triomphe, élire dans chaque localité trois administrateurs, lesquels désigneront les fonctions indispensables pour le service du peuple, qui élira aussitôt les titulaires. Si les administrateurs tentaient d'exercer la souveraineté pour eux-mêmes, on les fusille et on en nomme d'autres. — Dans les huit jours le peuple se réunira pour l'élection de ses représentans constituans, auxquels il donnera des pouvoirs en ces termes : Vous allez nous discuter et nous formuler une *constitution républicaine* sur les bases que voici : « La nation est souveraine, tous les ci oyens sont égaux, toutes les lois sont soumises à la sanction du peuple, tous les fonctionnaires sont élus par lui et révocables; la république doit assurer l'éducation, le travail et la subsistance à tous les citoyens; dans trois mois vous présenterez la constitution à notre acceptation. — En attendant, le peuple reste les armes à la main, tout prêt à frapper de nouveau si ses mandataires le trahissent.

» Tels sont les seuls moyens par lesquels le peuple puisse accomplir une révolution à son profit. »

C'est clair, *le Républicain* prêchait ouvertement l'insurrection, et la Police le tolérait. Etait-il un instrument involontaire ou volontaire de la Police, ou des Anglais, ou des Carlistes, ou des Christinos, ou de quelque Puissance? L'avenir dévoilera peut-être ce mystère.

Quoi qu'il en soit, ce sera Carsy, l'un des principaux rédacteurs du *Républicain*, qui sera le Président de la Junte révolutionnaire, et plusieurs des autres rédacteurs en seront membres.

C'est l'arrestation de ces rédacteurs qui sera l'une des circonstances qui feront éclater l'explosion. — Une autre circonstance sera l'*octroi*.

VII. — Octroi, Recrutement.

Autrefois la Catalogne était soumise au *recrutement* d'un homme sur cinq. Puis elle s'était exemptée de cette charge au moyen d'un droit d'*octroi*. En conséquence, le recrutement avait cessé, et l'octroi avait été établi et payé. — Maintenant Espartero rétablit le *recrutement* en conservant l'*octroi*. De là un mécontentement général contre ce qu'on regarde comme une injustice.

CHAPITRE III. — Insurrection.

I. — Insurrection. — Quatre jours de lutte.

Tous les journaux parisiens des 18 et 19 racontent ainsi le mouvement d'après une lettre de Barcelone :

Journée du 13. — « Le 13 au soir, à Barcelone, trente ouvriers ont voulu introduire, par l'une des portes, des pièces de vin sans payer les droits. Le Peupl s'est joint à eux ; la garde a été désarmée, un soldat tué. Des renfor s étai t arrivés, douze personnes ont été arrêtées. Le rédacteur du *Republicano* a été mis en pris n. »

Ses amis, considérant cette arrestation comme arbitraire, vont chez le chef politique, Guttierez, lui demander la mise en liberté ou un jugement. — Il les fait arrêter eux-mêmes. — Mais ces arrestations arbitraires exaspèrent le Peuple ; et l'on délivre de force les prisonniers.

Journée du 14. — « Le 14, les ouvriers avaient quitté les ateliers et parcouraient la ville. (10,000 font partie de la garde nationale.).

» A cinq heures du soir, les abords de l'Hôtel-de-Ville étaient gardés par la Garde nationale, qui refuse de se laisser remplacer par la troupe.

» Un régiment était en bataille sur la Rambla, avec six pièces de canon. Toutes les troupes étaient sous les armes.

» On s'attendait à une collision. Un officier avait été couché en joue par des gardes nationaux. »

Dès le 15, au matin, Carsy fait afficher au coin des rues, la proclamation suivante :

Proclamation de Carsy.

« Citoyens, vaillants gardes nationaux, vous tous Catalans ! l'heure est arrivée de combattre les tyrans qui ont voulu nous courber sous un joug de fer. Je vous ai vus avec un plaisir inexprimable vous imposer les plus grands sacrifices pour sauver notre indépendance nationale au péril de votre vie. Oui, je vous ai vus, animés du plus grand enthousiasme, courir braver le feu de ceux qui, égarés par des chefs aussi despotes que tyrans, ont voulu anéantir nos droits les plus sacrés. Non, leur cause ne leur a pas inspiré de combattre contre nous. Une main de fer leur a seule imposé un crime aussi infernal qu'abominable.

» Puisque vous avez montré que vous vouliez être libres, vous le serez, malgré un gouvernement imbécille qui anéantit votre industrie, qui blesse vos intérêts, et qui finirait enfin par vous placer dans la situation la plus précaire et la plus déplorable, dans la misère la plus dégradante.

» Que votre seule devise soit de faire respecter le nom catalan ; qu'union et fraternité soient parmi nous, et ne nous laissons pas égarer, mes frères, par les paroles séductrices de l'ambition raffinée des uns et la perfidie des autres. Guidé par les intentions les plus pures, j'ai cru devoir m'adresser, dans ce moment, aux bataillons, à l'escadron, aux sapeurs et à l'artillerie de la milice nationale, afin qu'ils veuillent bien, par élection, nommer un représentant dans chaque corps, pour se constituer en Junte, et prendre les mesures les plus énergiques pour nous rendre tous les services que leur sagesse peut leur suggérer dans ces circonstances critiques.

» Et aussitôt votre situation sera améliorée ; vous qui, abandonnant une triste subsistance que vous donnait à peine un misérable salaire journalier, avez préféré rester sans pain plutôt que de succomber à des machinations infernales, vous êtes dignes de tout éloge. Vous avez affronté la mort avec bravoure, il est juste que vous soyez récompensés de vos fatigues et de vos souffrances. Ne doutez pas que votre frère et votre compagnon d'armes n'élève sa voix énergique en votre faveur.

» JEAN MANUEL CARSY. »

Ce Carsy est un être mystérieux et bien peu connu, car on dit tantôt que c'est un lieutenant sans emploi, tantôt que c'est un colonel, tantôt que c'est un tisserand. Ce qui est certain, c'est qu'il est principal rédacteur et directeur du journal *el Republicano*, et qu'il donne le signal de l'insurrection en écrivant, en combattant, en organisant.

A la suite de cette proclamation, il a été nommé une *Junte populaire directrice*, composée des personnes suivantes :

JUNTE POPULAIRE DIRECTRICE.

Président : Jean Manuel Carsy. — Conseillers : Fernando Abella. — Antonio Brunet. — Jaime Vidal y Gual. — Benito Garriga. — Ramon Castro. — Bernardo Xinxola. — José Prats. — Secrétaire : Jaime Giral.

Tous ces noms sont inconnus à l'Espagne, à la Catalogne, à Barcelone même, à sa garde nationale et à l'armée, ou du moins sans influence.

Journée du 15. — « Les troupes sont engagées dans les rues de la ville, le 15, à 8 heures du matin. Après trois heures de combat et une perte de 500 hommes, tant tués que blessés, le capitaine général, voyant que les fenêtres et les terrasses des maisons étaient occupées dans toute la ville par les miliciens armés, s'est retiré dans la citadelle avec son état-major et deux régimens. Un autre régiment et l'artillerie sont rentrés aux Atarazanas. Le reste de la journée a été employé à faire des préparatifs de défense de part et d'autre. »

L'Impartial de Barcelone du 17, rend compte en ces termes des événemens dont cette ville a été le théâtre :

« Le 15, vers les neuf heures du matin, le feu a commencé à la Plateria (rue des Orfèvres) et s'est propagé dans presque toute la ville. Dans la rue del Conde del Asalto, la cavalerie de la ligne a fait une charge et a été reçue à coups de pierres et à coups de fusils partis des maisons mêmes. Elle s'est vue obligée de battre en retraite avec perte et de se retirer du côté de la muraille de terre.

» Le général Zurbano a ordonné de PILLER la Plateria, ce qui a excité une fureur extrême, à ce point que les habitans ont jeté des meubles sur la troupe, et une commode a tué le cheval que montait le général. L'armée s'est avancée avec peine par le couvent de l'Ensegnanza et la rue del Call ; mais elle a dû enfin s'arrêter. A midi, l'ordre a été donné à la troupe de se retirer dans ses quartiers. Dans cette dernière rue, les femmes mêmes ont jeté de l'eau bouillante par les croisées.

» A quatre heures du soir, le chef politique et les généraux Van Halen et Zurbano sont sortis des Atarazanas et se sont dirigés vers la citadelle et la muraille de mer ; et peu après, les miliciens, postés dans le couvent de la Merced ont commencé à faire feu sur tous les soldats qui passaient par cette muraille. Sur ces entrefaites, est arrivé le bataillon de la milice nationale de Gracia, qui a escaladé la muraille de terre par la porte de l'Angel.

» Les gardes nationaux de la banlieue de Barcelone et de la côte de l'Est se sont assemblés en dehors des murs, et se sont emparés la nuit du fort de Ro. La troupe occupe seulement la citadelle, les Atarazanas, le quartier d'artillerie et le château de Mont-Jouy. Les communi-

cations sont interceptées entre ces points, et la troupe ne peut se pro-
curer de vivres.

» Toute la ville est sous les armes ; des barricades ont été élevées
dans les rues et des fossés y ont été creusés. Toute la population est
disposée à faire une résistance encore plus obstinée que celle qu'elle a
faite hier.

» Le peuple a peu souffert, mais la troupe a fait de grandes pertes,
surtout en chefs. Selon quelques uns, le nombre des morts et des blessés s'élève à 600, parmi lesquels plusieurs chefs supérieurs.

» On ne peut que donner des éloges à la conduite des paysans, qui,
avec le même zèle qu'ils déployaient dans la lutte, sont venus au secours des blessés et de ceux dont les forces étaient épuisées. L'état de
la population inspirait une véritable horreur ; la fusillade n'a pas été
interrompue un seul instant, quel qu'ait été le rang des victimes, et les
cloches n'ont point cessé de sonner. »

Ainsi, Zurbano (on aura peine à le croire), avait promis à ses soldats le pillage des boutiques d'orfèvres, et c'est la principale cause de
l'exaspération universelle.

Ainsi, toute la population prend part à l'insurrection.

L'*Impartial* de Barcelone ajoute :

« L'imprudence du gouvernement et de quelques uns de ses agens
s'opiniâtrant à provoquer tout un Peuple, est l'unique cause à laquelle
on doive attribuer les malheurs que nous devons déplorer. Avant-hier,
les Commandans de la milice demandèrent au Chef politique qu'il fît
conduire dans un lieu offrant des garanties, et qu'il livrât aux tribunaux compétens les citoyens qu'il avait arbitrairement fait arrêter, peut-
être pour quelques uns d'entre eux, parce qu'ils étaient rédacteurs du
Républicain. L'autorité se montra sourde à leurs prières, déploya sans
motif un imposant appareil de forces, et ordonna de poursuivre les
tambours de la milice nationale qui battaient la générale, sans même
s'informer s'ils y étaient autorisés par la municipalité. Beaucoup de soldats pleuraient de dépit de voir que la rigueur de la discipline les obligeait à se battre contre leurs frères. La crise continue.

» Il est cinq heures du soir ; la canonnade retentit ; les bombes écla-
tent dans l'air, et nous sommes forcés de suspendre cet écrit, en proie
que nous sommes à l'inquiétude de voir la lutte s'acharner jusqu'à con-
vertir en un monceau de ruines cette belle cité.

» Il est sept heures et demie du soir ; le feu a cessé, parce que, dit-
on, on se prépare à un assaut contre la citadelle. Le fort de Mont-Jouy
où se trouve le général Zurbano, a commencé à tirer des coups de canon. (Des personnes qui se disent bien informées prétendent que Zurbano ne se trouve point dans le fort de Mont-Jouy ; elles assurent que,
resté d'abord dans la citadelle, il l'aurait abandonnée avec le capitaine-
général.)

» Les prisonniers ont été mis en liberté et ont reçu des armes. Tous
les Barcelonais sont unanimes sans distinction de parti ; l'union règne
véritablement ; les rues sont illuminées, les habitans sont pleins d'audace. Il paraît qu'on va nommer une autre Junte avec caractère consul-
tatif. »

Dès le matin du 16, la Junte directrice publie sa première proclamation :

Proclamation de la Junte directrice.

« Catalans! La Junte populaire directrice vous adresse la parole avec l'émotion qu'inspire la crise si grande dans laquelle nous nous trouvons par suite des viles machinations de la tyrannie.

» La Junte vous recommande surtout l'union et la constance. L'union et la constance sauveront le navire qui a été près de naufrager.

» L'autorité municipale élue par le peuple pour être son appui, son soutien, sa sauve-garde, nous a abandonnés.

» Nous ne suivrons pas un si indigne exemple. Nous sommes prêts à mourir à votre tête, avant de trahir votre confiance que nous avons méritée.

» Les journaliers qui sont accourus avec tant de dévoûment pour mettre un frein à l'arbitraire, en donnant des preuves non équivoques de cœur et de bon sens, seront secourus sans retard.

» En outre, pleine d'intérêt pour les gardes nationaux qui ont sauvé la liberté au péril de leur vie, la Junte populaire directrice prendra dès à présent les dispositions nécessaires pour que la milice ne reste point dans l'état de désorganisation où elle se trouve en ce moment.

» Et à cet effet, elle autorise chaque bataillon à élire un représentant, pour proposer les réformes qu'il croira propres à amener la complète réorganisation de ladite force, et la plus grande satisfaction de tous ses membres.

» Citoyens, vaillans et enthousiastes gardes nationaux! maintenant que votre valeur et vos efforts ont amené le salut de Barcelone, la Junte directrice des forces réunies de tout le peuple croit devoir, pour maintenir la tranquillité et l'ordre que vous savez si bien garder, ordonner ce qui suit :

» 1° Tous les commandans de la milice nationale se présenteront immédiatement pour recevoir les ordres de la Junte populaire ;

» 2° S'y rendront également les alcades de quartier, et les alcades dépendans de la municipalité ;

» 3° Les lois seront sommairement appliquées dans toute leur rigueur à tout individu qui sera surpris volant ou commettant quel autre excès que ce soit, ou qui sera convaincu d'un crime.

» 4° Jusqu'à ce qu'il en soit ordonné autrement par la Junte, tous les chefs et officiers de la milice réuniront tous les citoyens qui, sans appartenir à ce corps, se trouvent en armes dans les rues sans occuper un poste, et ils les dirigeront où ils le croiront utile ;

» 5° et dernier. Toute personne qui aura contrevenu aux articles précédens sera mise à la disposition de la Junte. »

Ainsi, c'est contre la tyrannie que le Peuple s'insurge, et la Junte promet de mourir à son poste plutôt que de l'abandonner. Elle recommande d'ailleurs l'union et l'ordre.

Journée du 16. — « Le 16, il y a eu fusillade et canonnade une partie de la journée; toutes les rues étaient barricadées; la garnison de la citadelle était sans vivres, elle a tiré des bombes sur la ville pendant la nuit ; ce matin avant le jour, elle a évacué, se rendant dans la campagne et laissant la place à la milice insurgée, dont le nombre était augmenté par les miliciens des villes et villages voisins. Le fort de Mont-Jouy avait également lancé sur le quartier de la municipalité des bombes et des grenades.

« Une Junte directrice s'est formée ; elle a signé une capitulation avec le régiment de Guadalajara , qui était resté enfermé dans l'édifice de l'Université.

» Le général commandant les forces militaires a fait demander à la Junte quelles étaient les intentions du Peuple ; il a proposé de s'entendre pour éviter de grands désastres et empêcher le sac et la ruine de la ville.

» Les ouvertures faites ont réussi ; on négocie en ce moment,

» Aucun habitant· n'a été menacé ni dans sa personne ni dans ses biens.

» Tous les Français ont été respectés ; le consul a reçu l'assurance qu'ils n'ont rien à craindre.

» Le brick français le *Méléagre* a donné asile à beaucoup de réfugiés espagnols ; le commandant a reçu à son bord la famil e du capitaine-général.

» On croit que le mouvement, dont on ignore encore le but, s'étendra dans toute la Catalogne, à Sarragosse et à Valence. Les membres de la junte disent qu'il n'y a pas eu de conspiration , et que le peuple a pris spontanément les armes pour défendre ses droits, attaqués par l'emprisonnement des rédacteurs du journal le *Républicain*, et par les ordres donnés par le gouvernement de le soumettre au recrutement militaire.

» La députation provinciale a été appelée par la junte pour prendre des mesures d'ordre et de conservation. Dès le commencement de l'émeute , les sept alcades constitutionnels s'é aient réfugiés à bord du *Méléagre*. »

Journée du 17. — On lit dans le *Journal des Débats* :

« Les troupes de ligne avaient évacué le 17 toutes les casernes de la ville et tous les forts, à l'exception du fort Mont-Jouy, qui reste seul au pouvoir de l'armée. On évalue les forces du peuple à plus de vingt mille hommes armés, tant de la garde nationale que des environs. Le tocsin, qui a sonné pendant dix-huit heures consécutives à toutes les cloches de la ville, le jour du combat, a fait accourir de fort loin tous les hommes qui avaient un fusil. On organise par compagnies ces nombreux auxiliaires, et on leur distribue des rations. Des corps ou détachemens de l'armée de ligne sont restés dans la ville et prennent parti pour l'insurrection , ainsi qu'un grand nombre de soldats et d'officiers qui n'ont pas voulu suivre leurs régimens.

» Une sorte de sécurité règne dans la ville pour ses habitans de toutes les classes. Des gardes nationaux du faubourg maritime de Barcelonnette, sur le port, avaient arrêté le brigadier Chacon , Mme Zavala et les filles du général Van Halen, au moment où ces personnes arrivaient de la ville pour se réfugier sur le *Méléagre*. On voulait surtout retenir la famille du capitaine-général comme ôtages ; mais sur la réclamation de notre consul , toutes ces personnes ont été bientôt relâchées, et elles sont maintenant sous la protection du pavillon français. »

» La Junte populaire publia, ce même jour, la proclamation suivante :

Proclamation de la Junte directrice.

« Catalans ! les individus qui composent la junte provisoire qui est placée à votre tête, désireraient se retirer au sein de leurs familles, à présent que l'heure du péril est passée ; mais la clameur générale les en empêche , les oblige à se constituer en Junte centrale de gouvernement, qui devra assumer tous les pouvoirs et s'adresser aux villes et arrondissemens de la Catalogne , en se réglant sur les bases suivantes, et se déclarant prêts à se retirer à la moindre indication du peuple.

BASES.

» 1. Union et pur espagnolisme entre tous les Catalans libres, entre tous les Espagnols qui aiment sincèrement la liberté, le bien positif et l'honneur de leur pays, qui haïssent la tyrannie et la perfidie d'un pouvoir qui a conduit la nation à l'état le plus déplorable, le plus ruineux et le plus dégradant; sans admettre entre nous distinction d'aucune nuance de parti politique ou de fraction, pourvu que l'on appartienne à la grande communion libérale espagnole.

» 2. Indépendance de la Catalogne, avec respect à *la Corte* (la Cour, c'est-à-dire la capitale, d'après l'usage espagnol); jusqu'à ce que s'établisse un gouvernement juste, protecteur, libre et indépendant avec nationalité, honneur et intelligence, nous unissant étroitement à toutes les villes et provinces d'Espagne qui sauront proclamer et conquérir cette même indépendance, en imitant notre héroïque exemple.

» 3. Comme conséquence matérielle des bases qui précèdent, protection franche et juste à l'industrie espagnole, au commerce, à l'agriculture, à toutes les classes laborieuses et productives; régularisation de l'administration, justice pour tous sans distinction de classes ni de catégories. Intégrité et ordre, pour justifier devant l'Europe entière la pureté de nos intentions, la nationalité et la grandeur des sentimens qui vous animent, qui vous enflamment, et vous font aborder une entreprise aussi ardue, digne d'un peuple libre et laborieux autant que vaillant; intrépide et invincible autant que généreux et plein d'honneur.

» Ce sont là les principes généraux qu'embrassent les vœux les plus ardens du peuple catalan. Pour les mener à bonne fin, la junte directrice, jalouse de s'entourer d'hommes doués de lumière et de considération, nommera immédiatement une autre junte auxiliaire consultative, dont les noms seront publiés au plus tôt. La junte directrice croit de bonne foi dans son intime conviction être le fidèle interprète de vos sentimens; aussi elle compte sur la décision et la coopération active de toutes les personnes qui, sans distinction de couleur politique, peuvent l'aider dès ce moment à accccomplir la grandiose entreprise que vous avez commencée avec une gloire que ni la calomnie, ni la vile imposture ne pourront obscurcir jamais, car les faits parlent, et votre conduite vous justifie devant les peuples libres. Toutefois, au milieu du triomphe mémorable que vous avez remporté, nous devons déplorer le sang répandu, qui est le sang de braves Espagnols. Mais dans cette effusion lamentable d'un sang si précieux, apparaît l'abominable impulsion d'un gouvernement imbécile et corrompu, ou plutôt d'un désordre malfaisant (*malefico desgovernio*) qui s'est attiré l'exécration publique.

» Union, valeureux Catalans ! union fraternelle entre tous les Espagnols libres. Les troupes de l'armée qui restent dans cette grande ville admettent notre cause et sont d'accord avec la junte, dans les conditions qu'exige la circonstance; regardez comme des frères ces loyaux chefs, officiers et soldats. Oubli entier et absolu du passé. Espérez avec confiance l'heureux succès de votre sainte cause, la cause du peuple, celle de la nation entière qui ne tardera pas à suivre votre exemple en imitant votre irrésistible valeur. »

Ainsi, Barcelone veut l'unité de l'Espagne, l'ordre et la modération dans la Révolution.

Une lettre du 18, écrite à la *Presse*, porte :

« Le régiment provincial de Burgos, avec son colonel en tête, le colonel Llegat, vient d'entrer dans la place pour faire cause commune avec les insurgés.

» Le bruit court que Zurbano a fait fusiller deux républicains. Si la nouvelle se confirme, le général Zavala, qui est prisonnier des insurgés, sera fusillé en représailles.

» Je rouvre ma lettre pour vous dire qu'on tire le canon dans ce moment, en réjouissance de la nouvelle qui vient d'arriver : Sarragosse s'est prononcée en faveur de l'insurrection. »

Une autre lettre du même jour, écrite au *National*, porte :

« J'ai vu toutes les rues barricadées. La troupe a fait des pertes énormes : 2 colonels, un lieutenant-colonel faisant les fonctions de colonel, 6 ou 7 commandans, 15 capitaines et plus de 100 officiers. La perte totale dépasse 500. Le peuple a aussi perdu du monde, mais relativement il a peu souffert. Le Mont-Jouy continue à bombarder la ville ; mais, jusqu'à présent, ce bombardement ne cause pas un grand dommage.

» Le consul français a exercé une grande protection sur tous ses nationaux, et il a même été fort utile aux Espagnols.

» La junte a pris toutes les mesures pour maintenir l'ordre. Elle accorde sans opposition, à toute personne étrangère à la ville, la permission de s'éloigner. »

Ainsi, voilà de la modération dans la victoire !

Le 19, la Junte directrice lance son manifeste.

Manifeste de la Junte directrice.

« Catalans ! l'anxiété publique exige de cette junte une manifestation franche et sincère du but auquel tendent nos efforts et nos sacrifices. La demande est juste, et nous allons vous déclarer avec toute la pureté de nos sentimens le symbole ou la devise qu'à dater de ce moment nous inscrivons sur notre bannière, à l'ombre bienfaisante de laquelle il n'y aura pas un seul libéral espagnol qui n'abjure pour jamais de misérables dissidences de parti, et qui, avec la foi et l'enthousiasme qu'inspire le nom sacré de liberté et justice ne soit prêt à s'unir pour assurer notre indépendance, notre prospérité et notre gloire.

» Union entre tous les libéraux.

» A bas Espartero et son gouvernement ! Cortès constituantes.

» En cas de régence, plus d'un régent.

» En cas de mariage de la reine Isabelle II, un prince Espagnol.

» Justice et protection à l'industrie nationale.

» Telle est la devise de la bannière que nous déployons, et à son triomphe est attaché le salut de l'Espagne.

» La junte ne croit pas nécessaire d'exposer les raisons sur lesquelles se fondent ses désirs et ses espérances, parce qu'elles sont malheureusement assez publiques pour toutes les classes du peuple espagnol : les perfidies du pouvoir, notre visible et ruineuse décadence, les menaces de la tyrannie, et surtout ce mécontentement universel, cette clameur qui retentit dans tous les coins de la Péninsule contre les ténébreuses méchancetés d'un fatal et abominable gouvernement. Nous voulons la liberté, de bonnes lois et un bon régime administratif ; et avec un si noble but, pour des objets si sacrés, nous combattrons avec ardeur et constance, jusqu'à la mort.

» Courageux Catalans, vaillante et libre armée, vous tous Espagnols qui haïssez la tyrannie, unissez-vous avec la confiance et la fermeté de cœurs libres, et arborez avec nous la bannière sur laquelle sont écrites les plus belles espérances de ce peuple tant de fois sacrifié et tant de fois vendu !

» Rompons le charme de cette fatalité, qui cause les malheurs de notre pays, et consolidons, une fois pour toutes, la paix, le repos, la justice publique, la liberté, le sort des classes laborieuses et la grandeur de cette malheureuse nation. »

Toute cette révolution n'est-elle pas empreinte de modération et de nationalité ?

Llinas, Député, Président de la Junte pendant la révolution de Barcelone en septembre 1840, est nommé commandant supérieur de la Garde nationale. Mais il est bientôt forcé de donner sa démission, parce qu'on lui reproche de n'avoir pas, à cette époque, fait démolir la citadelle.

La Junte organise des bataillons de *tirailleurs de la patrie*. — Elle appelle les soldats à faire cause commune avec le Peuple. — Elle conserve dans leurs emplois les fonctionnaires qui veulent la reconnaître.

Le 19, elle fait exécuter à l'instant un voleur surpris en flagrant délit, et publie un décret portant peine de mort contre quiconque volerait ou recèlerait un vol. Le Peuple applaudit à ces actes... Et c'est ce Peuple qu'on appellera canaille, bandits, scélérats !

Cependant cette Junte *directrice*, sentant qu'elle n'a pas assez d'influence, nomme une Junte *consultative*, composée de plus de vingt-cinq membres, dans laquelle elle appelle des hommes plus connus et plus influens, des propriétaires, des négocians, des avocats, des magistrats, etc.

Les trois quarts de ces membres sont connus pour *Christinos*.

Le 20, la Junte directrice publie les noms de la Junte consultative avec la proclamation suivante :

Proclamation de la junte directrice.

« Catalans, voici les membres élus par les électeurs de quartiers pour composer notre sage, juste et fraternelle junte consultative, et dont nous léguerons à la postérité les noms sculptés en lettres d'or.

» Désormais, nous poursuivrons sans crainte la périlleuse entreprise au service de laquelle nous avons mis notre ardeur et notre patriotisme. Oui, les saines instructions de la junte consultative et ses sages conseils nous conduiront, nous n'en doutons point, à notre salut et à notre prospérité. Nous pouvons vraiment le dire, tout en pleurant de malheureuses victimes, nous triomphons ! Nous avons accompli la révolution du 15 novembre ! Et si nos faibles forces nous ont fait craindre un instant l'incertitude du résultat, nous dirons avec orgueil : « Avec l'appui et les

» lumières de notre junte, nous enlevons la victoire ! » Quelle plus grande gloire ! quel plus grand bonheur que de cueillir ensemble les mêmes lauriers ! »

Peut-on montrer plus de modération, plus de désintéressement, plus de déférence que n'en montre cette Junte populaire à l'égard de la Bourgeoisie ?

Le 21, la Junte s'adresse à l'armée.

Proclamation de la junte directrice à l'armée.

« Braves Citoyens de tous grades de l'armée !

» Les discours d'êtres perfides, faux enfans de la patrie, répandent partout où ils peuvent le bruit du désaccord et de la haine qu'ils disent exister entre le Peuple et les militaires actuellement à Barcelone. Imposture atroce et insidieuse, heureusement démentie par des faits palpables, par le témoignage irrécusable de la population entière et des militaires qui jouissent au milieu d'elle de la paix, de la considération, du respect et des secours que leur fournit la junte. Ils peuvent le dire ! les soldats des bataillons d'Almansa, d'Guadalajarra, d'Afrique, d'Amérique, ceux des batteries d'artillerie et du 12ᵉ corps de cavalerie ! leurs remercîmens nous font assez connaître leurs sympathies.

» L'histoire aura une belle page pour mentionner cet acte sublime de grandeur d'âme ! Après la lutte, Barcelone a embrassé ses adversaires, en leur montrant un juste sentiment d'affection. Tels sont le caractère des libéraux, les sentimens des Barcelonais !

» Pendant toute la journée et toute la nuit, les militaires circulent dans cette capitale avec sécurité, avec toute garantie. Celui qui dit le contraire est un imposteur. A Barcelone existent l'ordre et la bonne harmonie entre les militaires et les habitans. Qu'ils viennent les calomniateurs ! qu'ils interrogent eux-mêmes et fassent l'enquête la plus sévère ! ils seront témoins des soins que reçoit le soldat et de la tranquilité dont il jouit.

» Le même traitement est réservé à tous ceux qui viendront se ranger sous la bannière que la junte vient d'arborer.

» Qu'attendez-vous donc, vaillans soldats ? Venez recevoir le baiser de vos compatriotes, et connaissez enfin la main de fer qui veut nous plonger dans la plus dégradante misère.

> » Juan-Manuel Carsy, président ; Fernando Abella ; Ramon Castro, Antonio Brunet, Jaime-Vidal y Gual, Bernado Xinxola, Benito Garriga, Jaime Giral, secrétaire. »

Quel malheur pour les insurgés que tous ces noms soient inconnus à l'armée !

Le même jour 21, on devait afficher la proclamation suivante, envoyée dès le 20 au journal des *Débats*, et que celui ci publie (chose remarquable) avant d'avoir la certitude qu'elle a été affichée.

A nos concitoyens de toutes les provinces et de l'armée.

« La lutte engagée désormais sans retour entre la Catalogne et le gouvernement d'Espartero est bien digne d'exciter l'attention, l'anxiété et la coopération de tous les Espagnols. Il s'agit d'un intérêt universel, sans distinction des couleurs ou des nuances de parti. Le programme présenté par la junte centrale barcelonaise ne contient que ce qui était dans le cœur de tout Espagnol. Liberté politique, administration intègre, indépendance de l'étranger et protection à l'industrie nationale.

» Nous voulons, en outre, que les chefs militaires, les orgueilleux dignitaires de l'armée, soient soumis à l'autorité constitutionnelle suprême, et qu'ils dépendent du gouvernement, au lieu d'être eux-mêmes le gouvernement. N'est-il pas honteux et scandaleux de les voir consumer le produit de la nation, comme autrefois les moines et les prébendiers ecclésiastiques. A bas le pouvoir militaire ! N'aurions-nous donc fait que changer d'abus, et remplacer le froc par l'uniforme !

» Oui, ce peuple loyal et courageux a pris les armes pour la délivrance de tous les Espagnols, pour les intérêts les plus précieux de la patrie et de la monarchie. Il verra toute la Péninsule se lever en masse au cri qu'il a jeté. Comment le concours des opinions ne serait-il pas unanime dans de telles circonstances, et pour le triomphe de tels principes ! Il ne s'agit pas des vaines disputes des partis. La révolution a hautement proclamé son but. Un homme obscur, à qui nous avons confié ou laissé usurper le pouvoir, nous a réduits à une condition misérable ; il nous tient sous son joug, il nous vend, pour se soutenir, à une nation étrangère.

» Voyez la misère des populations, l'agonie du commerce et la ruine des finances nationales, malgré la paix la plus profonde. Et à quel état d'humiliation ne sont pas tombées nos relations extérieures ! Une seule nation est attachée à nous, mais comme la sangsue à la poitrine du malade. Elle appuie et caresse l'homme qui lui vend la nation ; elle flatte la nation pour lui tirer sa substance ; puis elle existera seule sur nos marchés, comme en Portugal, et s'allongera jusqu'à nos colonies, derniers restes de la splendeur espagnole.

» L'homme de qui proviennent tous ces maux, cet homme qui a fait servir l'armée à son insatiable ambition, il laisse mourir de faim nos soldats qui sont nos frères et nos enfans. Nous avons tous été témoins de leur dénûment, nous sommes venus à leur secours après cette lutte si cruelle pour leurs cœurs et pour les nôtres. Cet homme a livré les affaires publiques en proie à une poignée d'agens incapables et immoraux, qui, après avoir fait perdre à l'Espagne ses riches possessions d'Amérique, ont encore assez peu de cœur pour vouloir nous réduire à la situation d'une colonie étrangère. Serions-nous autre chose, en effet, si d'autres que les citoyens de l'Espagne venaient administrer nos revenus, régler nos tarifs et dicter à notre industrie des conditions ? L'homme qui travaille perfidement à cette œuvre anti-nationale n'a d'appui parmi nous qu'à l'armée. Mais nos soldats seront bientôt détrompés sans doute. »

C'est donc contre Espartero, contre le pouvoir militaire, contre la dépendance de l'Angleterre, et contre le sacrifice de l'industrie nationale que l'insurrection dirige ses efforts.

Communications entre la Junte et le Consul français.

La Junte se met aussitôt en communication avec le Consul français et lui envoie cette note :

« Dans les graves et critiques circonstances où nous sommes, votre concours devenant d'une urgente nécessité pour les personnes et les intérêts des citoyens français qui habitent cette ville, et pour le salu[t] (*salvacion*) de la ville elle-même, nous vous prions, au nom du peuple au milieu duquel vous représentez avec tant de dignité les intérêts français, de vouloir bien vous rendre à l'instant même dans le sein de la junte directrice. »

Bientôt (21) la Municipalité se retire. On la remplace par une nouvelle, composée en majorité de Républicains.

Mouvement intérieur.

Ainsi, c'est le Peuple qui commence l'insurrection, qui combat, qui force la troupe à évacuer la ville, et qui installe une Junte directrice pour le représenter.

Point de vengeances, point de persécutions, point de proscriptions, point de violences ni contre les propriétés, ni contre les personnes, ni contre aucun parti, ni contre aucun étranger.

Le Peuple veut d'abord retenir en otages le général Zalava, d'autres généraux ou grands fonctionnaires, surtout la famille du Général Van Halen, qui menace de bombarder, et celle du Chef politique, qui lui demande le bombardement. Mais, sur les instances du Consul français, Ferdinand Lesseps, la Junte autorise leur départ, et le Consul les fait transporter en France sur un bâtiment français.

Ainsi, le fait est bien certain, la Révolution n'est accompagnée d'aucune violence.

Et elle est unanime ; tout le monde y prend part ou l'approuve, on l'appuie ou l'accepte.

Mouvement extérieur.

Mais Guttierez, Van Halen et Zurbano se sont retirés tous trois dans le fort Mont-Jouy avec plus de 4,000 hommes; ils bloquent la ville par terre, font venir des vivres, des troupes, de l'artillerie, des munitions, et menacent de bombarder Barcelone.

Si l'insurrection les avait poursuivis le 17 ou le 18, peut-être les aurait-elle forcés de capituler par famine ou autrement, et alors la Révolution pouvait s'étendre et se consolider. Mais elle a perdu le moment favorable ; et maintenant que Van Halen est approvisionné et fortifié, la Ville tente inutilement quelques sorties et reste isolée, sans secours et presque sans communications avec le dehors.

Cependant le bruit des événemens de Barcelone excite une vive agitation dans toute la Catalogne et dans les Provinces voisines.

Mais c'est en vain que Terradas essaie de soulever Figuières et le Lampourdan au nord de la Catalogne ; c'est en vain qu'on annonce en France des soulèvemens à Vich, Manresa, Ignalada, Valls, Girone, Tarragone, Reuss, Figuières, Ollot, etc,

C'est en vain qu'on annonce l'insurrection de deux régimens en Aragon : tous ces bruits sont faux.

C'est en vain même qu'à Valence le Peuple désarme une faible garnison au cri de : *Vive l'Infant Don Francesco !* Tout y rentre dans l'ordre dès le lendemain, faute de chefs capables de diriger un mouvement.

Négociations avec Van Halen.

Au lieu d'agir au dehors, la Junte négocie avec Van Halen pour éviter le bombardement. Il demande d'abord qu'on lui rende tous ses soldats prisonniers, et la Junte consent à ce qu'ils aillent le rejoindre sans armes ; mais ils restent presque tous, et la menace du bombardement continue.

Protestation des Consuls étrangers.

La masse des étrangers établis à Barcelone sont des Français ; on en compte environ 3,000, tandis qu'il n'y a guère qu'une quarantaine d'Anglais et un petit nombre d'individus des autres Nations.

Les dix-sept Consuls qui s'y trouvent engagent leurs compatriotes à sortir de la Ville pour mettre leurs personnes et leur fortune à l'abri de la bombe ; et en même temps ils demandent à Van Halen de suspendre le bombardement pour leur laisser le temps de sortir. Sur un premier refus du Général, ils protestent et signent en commun la protestation suivante :

« Les consuls étrangers soussignés, résidant à Barcelone, ayant pris connaissance des lettres que votre Excellence leur a fait l'honneur de leur adresser, déclarent que le délai de vingt-quatre heures est insuffisant, non seulement pour mettre à couvert la vie et les intérêts de leurs nationaux, mais encore à l'effet d'en donner avis à tous. En conséquence, les soussignés requièrent, au nom du droit des gens et des garanties expressément stipulées par les traités, que votre Excellence fixe un délai raisonnable pour que les étrangers, dont la protection leur est confiée, aient le temps nécessaire pour sortir de la ville et sauver leurs effets les plus précieux.

» Les soussignés sont persuadés que votre Excellence ne refusera pas d'obtempérer à cette juste requête, conformément aux usages de toutes les nations civilisées ; et, en cas d'un refus auquel ils ne croient pas devoir s'attendre, ils se regardent tous tenus de protester devant Dieu et devant les hommes de tous les dommages qu'au préjudice de leurs nationaux pourrait causer une catastrophe aussi épouvantable qu'inouïe. »

On dit que le Consul anglais refusait d'abord de signer.

Le Consul français se distingue par son énergie. Le bombardement, annoncé pour le 24, à midi, est successivement ajourné ; mais la menace en reste continuellement suspendue sur Barcelone.

Mais les Cortès sont réunis depuis le 14 : que vont faire Espartero et les Cortès ?

II. — Ce que vont faire Espartero et les Cortès.

Aussitôt qu'il apprend l'insurrection de Barcelone, Espartero convoque son conseil de ministres et prend la résolution de partir, en appelant des troupes de tous côtés.

Le 20, à la séance des Cortès, le ministre de la guerre communique la nouvelle et la résolution du Régent.

Un député (Serrano) propose un message pour l'assurer du concours de la Chambre.

Prim, député de la Catalogne, repousse la proposition et soutient que toute la faute est au Gouvernement, qui s'obstine à soutenir un Chef politique dont la tyrannie et les arrestations arbitraires exaspèrent les esprits.

Le comte de Las Navas et d'autres Députés défendent aussi la population de Barcelone, soutiennent que l'opinion républicaine a le droit de discussion, et rendent les autorités responsables de tout. Ils assurent que le Parti Républicain est trop faible pour être l'instigateur du mouvement.

« Pensons à rétablir l'ordre, dit Serrano ; nous examinerons ensuite la conduite de l'autorité. »

Cependant, il modifie sa proposition, et le concours est offert seulement pour faire respecter la Constitution et les lois par les voies constitutionnelles et légales.

Cette restriction est généralement considérée comme un acte d'opposition, et comme une menace.

D'un autre côté, le Sénat lui-même a recommandé la modération.

« Le peuple de Barcelone, a dit le Général Séoane, est égaré bien plus encore que coupable. Non seulement des rigueurs soulèveraient l'opinion de l'Europe constitutionnelle contre le Régent, mais elles lui nuiraient dans l'esprit des Espagnols, qui voient les Anglais avec leurs intérêts mercantiles derrière le gouvernement du Régent. L'Espagne est fière, outre mesure peut-être, elle a su gré au Duc de la Victoire d'avoir résisté aux prétentions surannées de la cour des Tuileries ; elle ne lui pardonnerait pas de se faire le *courtier des manufactures anglaises.* »

L'opposition des Chambres est d'autant plus redoutable et inquiétante que tous les partis opposants viennent d'organiser une Coalition contre le ministère, tandis que la Presse de toutes les nuances vient de se coaliser aussi et de nommer un comité pour défendre la liberté de discussion.

Aussi le Régent, craignant d'être entravé par les Cortès, se décide à les proroger, mesure aussi dangereuse que blessante pour la nation ; car la lutte paraît imminente entre le Gouvernement et les Cortès. Arrêtons-nous un moment pour le bien constater.

Les finances de l'Espagne sont tellement épuisées que les troupes ne sont pas payées, même en Catalogne, et qu'un emprunt de 600 millions de réaux est absolument nécessaire : mais cet emprunt ne peut se réaliser qu'au moyen d'une espèce d'hypothèque sur les produits de la douane et au moyen d'un *traité de commerce avec l'Angleterre*, traité qui ouvrirait la Catalogne aux marchandises étrangères, qui tuerait l'industrie catalane et espagnole, et qui ferait de l'Espagne, comme du Portugal, une véritable colonie anglaise. Or, ce traité de commerce, vivement sollicité par l'Angleterre depuis long temps, répugne tellement à la Nation, comme à la Catalogne, que les Cortès sont enfin résolus à le repousser formellement et par suite à repousser l'emprunt. Aussi, la Commission chargée d'examiner le projet de loi pour cet emprunt, vient de décider à l'unanimité qu'elle proposerait le rejet pur et simple de ce projet; son rapport doit être lu à l'une des plus prochaines séances; et c'est peut-être encore pour empêcher cette lecture que le Régent se hasarde à proroger les Cortès.

Aussi le lendemain, quand les députés assemblés apprennent la prorogation, beaucoup expriment leur mécontentement et leur indignation; plusieurs en appellent au jugement de la nation; et ce n'est qu'avec peine que le Président peut prévenir une explosion.

Il paraît même que, pour cette dernière séance de la chambre des députés, un vote de censure avait été préparé; ainsi conçu :

« Au milieu d'événemens aussi critiques et aussi hasardeux que ceux qui pèsent sur l'Espagne, il faut un gouvernement intelligent, prévoyant et parlementaire; et comme nous sommes persuadés que les ministres actuels ne possèdent pas ces qualités à un degré convenable, nous demandons au congrès de déclarer que le cabinet n'inspire pas à la nation la confiance nécessaire pour qu'il puisse faire face aux événemens.

Signé : Sanz, Collantès, comte de las Navas, Lopez, García Uzal, J. Basols, Pedro Mala, Nocedal. (Suivent d'autres noms.) »

Le président en empêche la lecture, mais la guerre parlementaire n'en est pas moins résolue et déclarée.

Les Députés de la Catalogne sont consignés aux portes de Madrid, acte arbitraire, tyrannique, inconstitutionnel, attentatoire à la représentation nationale, qui seul suffirait pour justifier une insurrection. Le Député Prim ne peut rejoindre sa famille et ses compatriotes qu'à l'aide d'un travestissement qui lui donne le moyen de sortir.

Espartero part le 21, emmenant le ministre de la guerre Rodil, et deux régimens avec de l'artillerie, après avoir passé en revue la garde nationale et avoir confié la Reine à sa fidélité. — Des bandes populaires l'accompagnent à son départ en le saluant de leurs acclamations, lorsqu'il va exterminer leurs frères de Barcelone, tant il est facile de tromper et d'aveugler ou de payer quelques portions du Peuple ! Et cet Espartero , qui bientôt sera l'objet de tant d'imprécations pour sa barbarie , reçoit, comme tant d'autres , des acclamations, des adresses et des députations. Passant à Sarragosse et se montrant au spectacle, son parti le couvre d'applaudissemens : une partie de la garde nationale veut même l'accompagner contre Barcelone.

III. — Menaces d'Espartero contre Barcelone.

Espartero accuse le Ministère français d'avoir préparé, organisé, soudoyé l'insurrection, dans l'intérêt de Christine et pour empêcher le traité de commerce avec l'Angleterre; il affirme à tout le monde qu'il en a la preuve écrite dans son portefeuille; la population de Barcelone ne devrait donc être à ses yeux qu'un instrument. Cependant il n'a fait entendre à Madrid que d'effroyables paroles de vengeance. « Je les livrerai à Zurbano, s'est-il écrié d'abord ! Je rebâtirai la citadelle avec leurs ossemens ! » — Son Gouverneur de Madrid parle dans le Sénat de faire tomber 300 têtes ! Son ministre de l'intérieur déclare, dans une circulaire à tous les chefs politiques, que le Gouvernement est décidé à faire sentir aux rebelles *tout le poids* des lois ! Et la presse ministérielle de Madrid publie toutes ces menaces ! Et le Régent les répète à Sarragosse ! Et il ne parle encore que de châtier quand il arrive devant Barcelone, le 29 novembre; il y déclare à la première députation qui se présente à lui qu'il connaît les fauteurs et promoteurs de désordre, qu'il est décidé à faire tomber sur eux le glaive de la loi d'une manière inexorable, et qu'il faut que les séditieux ou lui cessent d'exister.

Van Halen, de son côté, voulait, disait-il, faire pleuvoir les bombes et les fusées jusqu'à ce que les factieux fussent tous consumés, et l'on sait qu'il accuse tous les partis, carlistes, christinos, modérés, républicains de s'être unis pour l'insurrection du 14.

Voyez d'ailleurs ce que le *Morning Post* , organe officiel du Cabinet anglais, dit de la fureur d'Espartero contre la Catalogne.

« Depuis long-temps le régent est désireux de mesurer ses forces avec celles des ultra-exaltés. Espartero n'entend jamais prononcer le nom de la Catalogne sans frémissement, et on l'a entendu plusieurs fois déclarer qu'à l'occasion il donnerait à la principauté une *leçon terrible.* Dernièrement il disait à un diplomate: « Je ne laisserais pas Van Halen réprimer seul un mouvement en Catalogne s'il éclatait ; j'irais moi-même *écraser ces brigands, ou je donnerai carte blanche à Zurbano.* » Il est certain que pour tenir en respect la turbulente Catalogne, *il est besoin de recourir à des moyens violens.* En résumé , le résultat de la récente insurrection sera un *dur châtiment* infligé *aux républicains d'Espagne. »*

Tout en arrivant, Espartero visite la bastille de Mont-Jouy, établit son quartier-général dans son voisinage et sous sa protection, à *Sarria*, et menace aussitôt Barcelone, déclarée en état de siége et de blocus.

Retournons au milieu des insurgés. — Mais auparavant tâchons de bien constater la cause, le but, le caractère et les auteurs du mouvement.

IV.—Quelle est la véritable cause de l'insurrection?

Cette cause est multiple et différente pour les différens partis.

Pour les ouvriers, nombreux à Barcelone (près de 40,000), elle est sociale et industrielle : c'est la misère, c'est l'octroi, c'est le recrutement, c'est la crainte d'un traité de commerce avec l'Angleterre, qui tuerait l'industrie catalane.

Pour les manufacturiers, les négocians, les boutiquiers, la cause est industrielle et commerciale : c'est le traité de commerce.

Pour les libéraux, les modérés, les Républicains, les Christinos et les Carlistes, qui comprennent ensemble toute la population, la cause est politique. Pour les premiers, c'est l'indépendance de l'Espagne et la haine du traité de commerce qui la soumettrait à l'Angleterre, c'est l'amour de la liberté, c'est la haine du despotisme militaire, etc., etc. ; pour les autres, c'est le désir de la République, ou de don François, ou de Christine, ou de don Carlos.

V. — Quel est le but de l'insurrection?

Le but est commun et spécial. — Le but commun est le renversement d'Espartero ; le but spécial est pour les uns la République, pour les autres don Francesco, ou Christine, ou don Carlos ; c'est pour les uns la révolution et le progrès ; pour les autres, la contre-révolution et la résistance.

VI. — Quel est le caractère de l'insurrection ?

C'est une coalition entre tous les partis ennemis d'Espartero pour renverser en commun, sauf à se combattre après, chacun d'eux espérant profiter seul de la victoire.

Le Parti Christinos semble jouer ici le principal rôle. Nous verrons Gutierrez, Espartero, les Anglais l'en accuser positivement ; et d'ailleurs les faits parlent. C'est lui qui paralyse la Junte populaire directrice et qui organise près d'elle une Junte consultative ; c'est lui qui composera les deux autres Juntes qui remplaceront la première ; une foule de Christinos réfugiés en France se trouveront à la frontière au moment de l'insurrection, prêts à entrer en Espagne si le mouvement réussit.

On assure que des chefs Christinos arrivaient de Rome à Marseille ; que dans cette ville, dès le 13, les réfugiés Christinos connaissaient le mouvement qui allait éclater et s'en réjouissaient patiemment en se préparant à partir.

Ainsi, dès le 26, Van Halen requiert le Consul français d'empêcher le débarquement à Barcelone de tout Espagnol émigré pour cause politique qui viendrait à bord d'un bâtiment français ; et le Consul lui répond le 27 que non seulement il empêchera le débarquement, mais qu'il écrit en France pour qu'on empêche l'embarquement.

On assure même que des Généraux Christinos, notamment..... étaient arrivés de France sur des bâtimens français, en face de Barcelone, prêts à débarquer si le moment devenait favorable.

L'insurrection finira même par arborer l'étendard de Christine.

De la part des Christinos c'était une véritable conspiration comme celle d'O'Donnel.

Ce sont eux probablement qui avaient poussé, soudoyé quelques Républicains, dont la masse est partout brave, belliqueuse, impatiente, crédule, prête à se dévouer pour sa cause dès qu'on lui en offre les moyens. Mais ils veulent se servir de ces Républicains comme de machines de guerre, comme le singe se servait de la patte du chat pour lui faire tirer les marrons du feu.

L'infant don Francesco, dont nous avons vu (page 19) le nom proclamé à Valence, et qui se trouve maintenant à Sarragosse, tout près de l'insurrection, n'est pas à l'abri des soupçons d'Espartero, qui l'a invité à se rendre immédiatement en Andalousie pour s'éloigner.

Revenons maintenant aux insurgés.

VII. — Terreur générale.

Dès le 25, tout est prêt pour le bombardement. Les mortiers et les fusées à la congrève sont étagés sur les remparts de la bastille Mont-Jouy, à demi-portée de canon, sans qu'il soit possible aux insurgés d'aller les attaquer.

Et la Catalogne, dont on espérait le soulèvement et le secours, ne bouge pas ! Et l'on sent l'impossibilité de résister ! Et l'on connaît les menaces de Van Halen, de Zurbano, d'Espartero !

Vous pouvez concevoir l'effroi de la population. Cinquante mille personnes, hommes, femmes et enfans, fuient pour camper dans la plaine ou se réfugier dans les villages voisins. Vous concevez l'épouvante, le désordre, l'encombrement ! Douze à quinze cents Français se précipitent vers le port et s'embarquent sur les vaisseaux qui s'y trouvent.

VIII. — Abdication de la Junte populaire.

La première Junte populaire directrice reconnaissant à chaque instant son impuissance, et dominée par la Junte consultative, abdique le

27, pour être remplacée par une deuxième Junte directrice, composée de Bourgeois, de Modérés, de Christinos, des Propriétaires et des Négocians les plus riches et les plus influens. — Carsy seul reste au pouvoir. Les autres membres Républicains se réfugient sur un vaisseau français. — La nouvelle Junte choisit pour commandant de la Garde nationale le brigadier Durando, bien connu pour être Christinos.

Mais les corps francs n'ayant aucune confiance en lui, il donne sa démission le lendemain et se réfugie sur un vaisseau français. Les insurgés restent ainsi sans chef militaire capable de les diriger et d'en imposer à l'armée.

C'est un grand malheur pour eux, car il paraît que s'ils avaient un Général capable et connu, l'armée, mécontente et privée de solde, abandonnerait Van Halen pour s'insurger avec eux, tandis qu'elle va se trouver forcée de les bombarder.

La deuxième Junte, privée de la confiance du Peuple, abdique aussi le 29, et l'insurrection se trouve jetée dans l'anarchie.

Cependant, le 30, une troisième Junte est élue par les chefs de la Garde nationale et de la Municipalité ; mais elle n'est élue que pour négocier et traiter avec Espartero. Elle est composée des hommes les plus honorables, dit-on, et les plus influens ; l'Évêque est à sa tête. On ne pense plus qu'à se soumettre à des conditions raisonnables. C'est une Junte de pacification.

Membre de cette troisième junte, voyant qu'elle veut capituler, Carsy donne sa démission et publie l'exposé suivant :

Exposé de Manuel Carsy aux Catalans.

« Compagnons d'armes, vous tous Catalans ! La tournure que prennent les événemens de cette capitale me met dans la dure nécessité de présenter ma démission de la charge de membre de la junte de gouvernement dernièrement créée, parce que je n'ai jamais manqué à mes sermens, et qu'on se propose aujourd'hui de transiger, alors que quelques jours de persévérance nous eussent assuré la victoire.

» Nous qui nous étions mis à votre tête, nous pouvons lever avec orgueil notre front que ne souille aucune tache. Bien que nous ayons pu être inhabiles, mais non traîtres ; bien que notre trop grande bonne foi et nos intentions pures nous aient nui, nos actes sont là pour justifier que nous nous sommes conduits avec courage et loyauté. J'ai la conviction que vous n'en doutez point, et c'est l'unique consolation qui me reste.

» Patrie et liberté.

» Votre compagnon d'armes,

» Barcelone, 30 novembre 1842.   JUAN MANUEL CARSY. »

Carsy et tous les chefs qui se croient compromis se réfugient alors sur les vaisseaux français pour se retirer en France.

Singulier incident.

Le 29 au soir, arrive devant Barcelone le vaisseau de guerre anglais *le Formidable* de 90 canons; et de suite se répand le bruit qu'il apporte des fusées à la congrève pour servir au bombardement. Vous concevez les imprécations contre les Anglais et contre Espartero, qu'on accuse d'appeler traîtreusement l'étranger, l'ennemi de l'industrie barcelonaise ; les courages s'exaltent à ces idées. Mais *le Formidable* voulant s'approcher de la côte échoue, à neuf heures du soir, dans un banc de sable, près du rivage ; et le Peuple s'écrie que c'est la Providence qui le perd pour perdre le Régent.

Cependant on veut décharger le bâtiment échoué ; mais la grande quantité de canons, de fusées, de munitions qu'on y trouve fait croire encore que c'est un ennemi qui venait aider Espartero pour le bombardement, et l'exaltation des esprits continue.

Mais la Junte de pacification veut négocier avec le Régent. Que va-t-il arriver ?

IX. — Espartero ne veut rien entendre. — Fin de l'insurrection.

Espartero étant arrivé le 29, une commission de la Junte de pacification se rend auprès de lui ; mais il ne veut pas la recevoir et la renvoie à Van Halen.

Une seconde démarche est suivie d'un second refus.

Réduite à se rendre auprès de Van Halen, elle demande quelques concessions relatives à l'administration, à l'octroi, au recrutement, à l'industrie, et quelques garanties pour les personnes ; mais Espartero fait tout refuser et exige le désarmement immédiat de la garde nationale et la soumission à discrétion, en annonçant le châtiment des coupables, et en menaçant de bombarder dans vingt-quatre heures.

Rapport à la Junte, nouvelle députation à Van Halen et à Rodil, nouvelles supplications, même exigeance et mêmes menaces.

Le 1er décembre, la Junte rend compte du tout à la garde nationale, représentée par ses commandans, et au Peuple entier représenté par la municipalité ; et l'assemblée la charge de faire une nouvelle démarche, en priant l'évêque de présider la députation.

Mais Espartero ne veut rien écouter, rien entendre ; il se montre toujours inexorable, implacable, vindicatif, menaçant ; et les supplications d'une grande ville se brisent contre la force brutale d'un général ou de quatre généraux enfermés dans une inexpugnable bastille.

Alors la Junte, ne voulant pas assumer sur elle la honte et le danger d'une capitulation à discrétion, s'adresse à la population entière par une proclamation, lui rend compte des exigeances et des menaces du Régent, la laisse maîtresse de décider la résistance ou la soumission à discrétion, et abdique à son tour, en terminant ainsi sa proclamation :

« La Junte s'abstient de tout commentaire : *Barcelone entière* est intéressée à la résolution qui va être prise ; c'est à elle à décider de son sort. »

Voici encore une complète anarchie ; mais enfin, c'est Barcelone entière qui se trouve en face du Régent.

« Ainsi, disent les *Débats*, on veut que la ville se rende à discrétion ; la paix qui lui est offerte sera le régime de l'état de siége ; on se borne à promettre que les troupes respecteront les habitans et leurs propriétés ; les chefs et les promoteurs seuls sont dévoués au fer de la loi. »

Mouvement universel d'indignation.

C'est le correspondant des *Débats* qui parle :

« Avant la publication de l'exposé de la junte, qu'on a lu plus haut, les bataillons soldés, les tirailleurs patriotes et les autres corps francs avaient fini par céder presque tous et par déposer leurs armes, dans l'espoir que ce premier acte de soumission faciliterait les démarches de la junte auprès du régent. On espérait une amnistie, tout en admettant des exceptions pour les chefs. Ceux-ci d'ailleurs venaient de se réfugier, au nombre d'une centaine, à bord des vaisseaux français. — Mais quand on a su que par deux fois les sollicitations de la junte avaient été repoussées, et que le régent avait même dédaigné de l'admettre en sa présence, une fermentation générale a éclaté dans la ville. On ne sait plus ce qui peut arriver désormais. Il est déjà question de réarmer les corps francs. »

Le 2, à quatre heures du soir, Van Halen déclare que, si le 3 à dix heures du matin, la ville n'a pas ouvert ses portes, on la bombardera à outrance, et on y entrera d'assaut par tous les points.

Mais ces paroles exaltent le courage et la fureur du Peuple. Il veut combattre, sortir pour attaquer, ou se défendre contre le bombardement et l'assaut, ou s'ensevelir glorieusement sous les ruines de sa patrie. Toute la soirée, la générale bat partout, toutes les cloches sonnent le tocsin ; des affiches annoncent qu'on fusillera sur-le-champ quiconque parlerait de se rendre.

Plusieurs centaines de Républicains se réunissent même dans le fort d'Atarazanas, avec des vivres et des munitions, pour s'y défendre jusqu'à la mort ou s'y faire sauter aux cris de Vive la République !

Mais les bourgeois, les riches, les christinos, les carlistes ne partagent pas l'enthousiasme des Républicains et du Peuple ; ils redoutent leur désespoir patriotique plus encore que la vengeance d'Espartero ; et, trahissant en quelque sorte la masse populaire, les chefs de la garde nationale ne pensent qu'à ouvrir les portes aux troupes du Régent et le pressent pour ainsi dire d'entrer.

Cependant tout est préparé depuis plusieurs jours pour supporter le bombardement ; les rues sont dépavées ; on a porté de la terre sur les terrasses pour amortir la bombe ; le Peuple est rempli de courage ; les ouvriers et les Républicains ont tant d'exaltation qu'ils veulent tout braver. D'un autre côté, la présence des Anglais irrite tant les plus timides, la barbarie et l'insolence d'Espartero indignent tant les plus modérés, qu'on laisse enfin commencer le bombardement.

Les Républicains vont même chercher Carsy et la première Junte populaire (qui sont encore dans le port sur les bâtimens français) pour les remettre à leur tête ; mais le consul refuse de les laisser débarquer et les fait partir pour la France.

Mais la division se joint à l'anarchie pour perdre les insurgés : le 3ᵉ bataillon des corps-francs menace de faire feu sur d'autres bataillons qui veulent capituler, et beaucoup de gardes nationaux jettent leurs armes et sortent de la ville, tandis que le reste de la garde nationale veut désarmer les corps-francs. Le bataillon de Barcelonnette (faubourg sur la côte), trompé, entraîné, soudoyé peut-être par des officiers anglais, fait défection et se soumet. On dit même qu'il s'empare traîtreusement de la citadelle, et que c'est cette trahison qui détermine la perte de l'insurrection.

Car alors, la garde nationale parvient enfin à désarmer les corps-francs, après que la Junte a publié le décret suivant :

« Citoyens,

» La Junte décrète que tout individu, bourgeois ou militaire, qui insultera quelqu'un de fait ou en parole, sera châtié avec toute la rigueur des lois. — Art. 2. Dans trois heures, les personnes qui auront des armes, les déposeront aux Atarazanas. — Art. 3. Des patrouilles circuleront dans Barcelone pour veiller à la tranquillité publique, etc. »

Puis, la Junte et la garde nationale livrent la ville à Van Halen, qui y rentre, le 4 décembre, avec trois régimens expulsés par le Peuple le 16 novembre. Et l'insurrection a cessé.

Avant de finir cette courte histoire de l'insurrection, remarquons bien cette réflexion des *Débats* :

« Au milieu de ce mouvement général d'une population de cent cinquante mille âmes, il ne s'est commis ni vol, ni violence, ni aucune sorte d'excès contre les personnes et les propriétés. »

Voilà donc une population de 40,000 ouvriers insurgés, armés, maîtres d'une ville riche pendant dix-sept jours, qui, malgré sa misère, sa colère et son désespoir, ne commet *aucune sorte d'excès*, ni contre les propriétés, ni contre les personnes de ses ennemis !

Voyons maintenant les violences du bombardement et d'Espartero vainqueur.

CHAPITRE IV. — Bombardement.

I. — Bombardement.

Le bombardement commence le 3, à onze heures du matin, et dure jusqu'à minuit.

C'est d'abord contre le faubourg de Barcelonnette qu'est dirigé le feu ; mais la prompte défection du bataillon de ce faubourg, sollicitée et payée par les Anglais, permet de diriger tous les projectiles contre la ville.

Pendant treize heures, bombes, fusées à la congrève, boulets rouges, boulets à feu, boulets froids, grenades, pleuvent sur elle sans interruption.

Dans ce court intervalle, 817 bombes sont lancées, plus d'une bombe par minute ; et 800 autres bombes sont prêtes à les suivre.

L'incendie illumine et dévore quatre quartiers de la ville.

Et le nouveau Charles X, enfermé dans sa bastille avec son Polignac et son Bourmont, peut voir l'effet de chaque bombe portant la flamme, la destruction et la mort sur une population que sa tyrannie a poussée à la révolte, et sur des femmes et des enfants complètement innocents !

II. — Désastres du Bombardement.

Plus de trois cents édifices sont en ruines.

L'Hôtel-de-Ville, représentant la ville, paraît avoir été le principal but des bombes ; tout le quartier qui l'environne est ravagé ; la principale face de l'hôtel est brûlée.

Les archives, dépôt riche et précieux pour les familles, sont la proie des flammes.

Le bureau des hypothèques est incendié, et cette perte va jeter la perturbation dans les fortunes.

Le Palais-de-Justice est fort endommagé.

La maison de charité est entièrement détruite.

Les deux hôpitaux sont écrasés ; douze bombes sont tombées sur l'un deux.

L'hôtel du consul de France a été frappé par des bombes et des boulets, quoiqu'il eût arboré son drapeau et qu'il fût en évidence depuis la bastille.

Les principales rues sont inabordables, par suite de l'encombrement des ruines.

Beaucoup de maisons sont incendiées, d'autres entièrement démolies, d'autres en partie seulement.

Pas une fenêtre n'a gardé ses vitres.

Les planchers des maisons dans lesquelles sont tombées des bombes ont été enfoncés jusqu'à la cave.

Beaucoup de boutiques sont entièrement ruinées.—Des portes et des devantures ont été enfoncées ou réduites en mille pièces par des éclats de bombes.

Plusieurs manufactures ont été détruites, les machines brisées les marchandises consumées par les flammes.

De ce nombre sont les manufactures d'Achon, de Puig, et celle d'un député aux Cortès.

Plus de cent personnes ont péri.

Onze bombes sont tombées sur l'hôpital civil pendant que les médecins soignaient les malades.

D'autres, dirigées sur l'hôpital militaire, tombèrent sur les officiers et soldats blessés, qui cessèrent ainsi de souffrir.

Quelques-unes tombèrent sur une église où la foule s'était réfugiée.

Un journal de Madrid rapporte les faits qui suivent:

« Des bombes arrivent sur la maison de détention des femmes et en tuent quatre. Le Directeur, blessé lui-même, donne alors la liberté aux autres prisonnières qui poussaient des cris déchirans.

» A l'hospice civil, un aliéné est tué.

» A l'hôpital militaire, un officier, blessé à une jambe, voit l'autre emportée.

» Le cabinet de physique (le meilleur de l'Espagne) est détruit. »

Puis le journal ajoute :

« O Gouvernement de Vandales ! Qu'auraient fait de plus les barbares du Nord ?... Et pour ajouter aux horreurs connues, voici que l'ordre est donné aux quatorze paroisses de la ville de tenir deux prêtres à la disposition du conseil de guerre. Du sang ! toujours du sang !!... »

Voilà, en aperçu, le résultat matériel du bombardement.

Nous verrons tout à l'heure les contributions, le désarmement, les fusillades, les vengeances, etc., etc.

Et le fléau, comme la peste, frappe toute la population, tous les partis, les riches, les propriétaires, les boutiquiers, les négocians.

Les amis mêmes du gouvernement ne sont pas distingués par la bombe.

III. — Proclamations, Décrets, Rapports.

Le 4, Van Halen publie la proclamation suivante :

Proclamation de Van Halen.

« Dans la matinée de ce jour, cette place s'est soumise au gouvernement légitime. Les auteurs et principaux complices de la scandaleuse sédition qui a consterné le district et la nation entière seront jugés, et la rigueur des lois pèsera sur leurs têtes. L'industrieuse Barcelone, je l'espère, ne sera plus le théâtre de combats sanglans ; la loi n'y sera plus foulée aux pieds, le code traîné dans la boue. Le bon sens des Catalans repoussera les machinations des partis qui en veulent à leur prospérité, et qui, aveuglés par l'ambition, veulent restaurer le despotisme par l'anarchie. Vous tous, Catalans, tenez-vous en garde contre la séduction et la perfidie. Comptez sur le zèle de vos autorités, et particulièrement de votre capitaine-général. »

Proclamation du Chef politique.

« Le cri de rébellion contre le pouvoir législatif et exécutif, poussé par la junte, qui jusqu'alors ne représentait qu'une misérable mutinerie, était le prélude d'une épouvantable révolution dont elle cherchait à cacher le véritable objet, et bientôt mettant de côté toute hypocrisie et jetant le masque, elle leva son drapeau et jeta pour cri de guerre à la nation : *« Vive Christine! »* nom chéri dans d'autres temps, où les vices et l'ambition de Christine ne nous étaient pas connus, mais aujourd'hui, nom d'horreur et d'épouvante, puisqu'il rappelle l'idée des réactions et de scènes désastreuses qui ne pourraient que nous ramener au despotisme.

» Qui croirait, Barcelonais, qu'au nom de Christine, mère de notre innocente reine, allaient commencer le vol, le pillage, l'assassinat et une anarchie plus épouvantable qu'on n'en pourrait trouver chez un peuple de sauvages !

» Habitans de la province de Barcelone, que ce tableau de malheureux événemens survenus dans la capitale vous instruise pour toujours ! Restez fidèles à vos sermens pour la constitution de l'état ; restez fidèles à notre innocente reine, et à la régence de l'invincible duc de la Victoire, pendant sa minorité.

» Défiez-vous des embûches du parti Carlo-Christino-Républicain, qui vient de vous causer tant de malheurs ; soyez soumis au gouvernement et à vos autorités légitimes. »

Bando ou Décret de Van Halen.

« La place de Barcelone étant soumise à l'empire de la loi violée par la sédition la plus scandaleuse, mon premier devoir est de prescrire les mesures que dans les premiers momens je considère comme les plus capables d'assurer l'ordre, en anéantissant tout germe d'anarchie, de châtier les crimes commis, et de protéger les Espagnols honorables, fidèles défenseurs du trône légitime de notre jeune reine, de la constitution jurée et de la régence dont la nation a investi le duc de la Victoire, en les couvrant d'une égide de nature à sauver leurs personnes et leurs biens menacés par l'ambition et les efforts des partisans du despotisme. En conséquence, usant des pouvoirs qui m'ont été conférés, et qui sont attribués par ordonnance au général en chef d'une armée en campagne, je décrète le bando suivant :

» Art. 1er. La place de Barcelone est déclarée en état exceptionnel dès le premier coup de feu tiré contre les troupes dont se compose la brave, fidèle et bien méritante armée, l'état de siége continuera tout le temps que les circonstances l'exigeront.

» Art. 2. Toute la milice nationale de toutes armes est et demeure dissoute à Barcelone, jusqu'à ce que la réorganisation ait été déterminée dans les termes rigoureux de la loi.

» Art. 3. Toutes les armes et tous les effets de guerre appartenant à ladite milice nationale, ainsi que les armes extraites des magasins de la nation, avec tous les articles et effets appartenant à l'état, seront livrés à Atarazanas dans le délai improrogeable de vingt-quatre heures, à partir de la publication de ce bando.

» Art. 4. A l'expiration dudit délai, sera passé par les armes quiconque aura manqué à l'accomplissement de l'article précédent.

» Art. 5. La personne qui dénoncera, dans ce cas, l'existence d'une ou plusieurs armes entre les mains d'un individu, ou leur présence dans une maison, un établissement ou tout autre point, recevra, au moment où l'on se saisira desdites armes, 10,000 réaux. Cette somme sera payée par la personne ou le maître de la maison, de l'établissement ou de la localié où auront été trouvées lesdites armes. Et en cas d'insolvabilité, ce seront les habitans du quartier qui répondront de ladite somme.

» Art. 6. Tous les habitans de Barcelone livreront dans deux jours toutes les armes blanches ou dont l'usage est prohibé, bien qu'ils en soient propriétaires et même les fusils de chasse. Si l'autorité juge opportun de permettre aux habitans de conserver leurs armes, une licence leur sera délivrée à cet effet

» Art. 7. Quiconque ne se conformera point à la disposition de l'article précédent, sera condamné à une amende de 10,000 réaux. La moitié de l'amende sera affectée aux frais de la guerre, et l'autre moitié appartiendra au dénonciateur.

» Art. 8. Les chevaux, équipages, meubles et autres effets appartenant à des individus de la garnison, qui auraient été enlevés ou volés, devront être restitués immédiatement, sinon les coupables ou les recéleurs devront en payer l'estimation.

» Art. 9. Quiconque commettra un vol ou tout autre crime contre l'ordre public, sera puni de mort, qu'il appartienne à la population de la ville ou à l'armée.

» Art. 10. L'autorité légalement constituée veillera à ce que les auteurs des crimes soient poursuivis, afin d'assurer l'intérêt de la vindicte publique. Quiconque commettra par des actes ou des paroles un outrage sera châtié sévèrement. Les troupes ainsi que les habitans de Barcelone jetteront le voile de l'oubli sur les événemens passés. Ils devront s'embrasser comme des frères. Les autorités sont et demeurent responsables de l'exécution du présent décret, leur mission étant uniquement de constater les délits et de les punir. »

Le 5, Van Halen nomme une Commission militaire, composée de ses instrumens, tous hommes inconnus, qui se réunissent chez le Gouverneur de la citadelle pour y faire le métier de boucher d'hommes afin d'avoir de l'argent, des grades et des honneurs !

Deuxième Bando de Van Halen.

« Art. 1er. Se présenteront au gouverneur militaire de la place, ou au chef qui le représen er, les militaires de toute classe et de tout grade qui ont prêté obéissance à la Junte révolutionnaire ou pris part à l'insurrection; se présenteront aussi les employés civils qui sont dans le même cas à leurs chefs respectifs.

» Art. 2. Les personnes auxquelles se rapporte le précédent article seront jugées par une commission militaire, qui sera installée d'aujourd'hui.

» Art. 3. Les personnes dont il s'agit dans l'art. 1er, qui manqueront de se présenter dans l'espace de 24 heures, seront passées par les armes, si elles sont arrêtées après le terme fixé.

» Art. 4. La même peine d'être passé par les armes sera appliquée aux propriétaires des maisons dans lesquelles se cacheront les personnes dont il est question dans l'article précédent.

» Art. 5. Se présenteront aussi au gouverneur militaire, les militaires de toute classe, qui, sans avoir reconnu les juntes, ni pris part à l'insurrection, sont restés dans cette place depuis le 24 novembre, lorsque, sur mes réclamations, la Junte révolutionnaire déclara qu'ils étaient libres de sortir de Barcelone et d'aller rejoindre l'armée. Les employés qui se trouvent dans la même position se présenteront également à leurs chefs.

» Art. 6. Les individus compris dans l'art. 5, pour ce seul fait d'être restés volontairement avec les révoltés, sont suspendus de leurs emplois, à moins qu'ils ne se justifient pleinement de n'avoir pas quitté Barcelone.

Réouverture du théâtre.

Le 6, l'*Imparcial* de Barcelone annonce :

« Que le Théâtre-Neuf ouvrait le soir même, et qu'après une brillante symphonie, on y jouerait un drame romantique en quatre actes, intitulé : *Angelo, tyran de Padoue*, suivi d'un ballet : l'*Amant sans Maîtresse.* »

Ainsi, deux jours après un pareil désastre, au milieu de tant de pleurs, de ruines et de sang, Espartero ordonne des chants et des danses ! ses généraux, ses officiers, ses amis et les belles dames du Juste-Milieu espagnol vont rire et s'amuser ! quel gouvernement ! quelle société !

Bando pour les munitions.

Un autre bando ordonne le dépôt de la poudre et des munitions, soit par les habitans, soit par la garde nationale. Les visites domiciliaires auront pour objet de rechercher les munitions comme les armes. — Les absens ont trois jours pour ouvrir ou faire ouvrir leurs portes.—Celles qui seraient fermées seront enfoncées. — Le décret porte expressément :

« Les chefs de famille chez qui se trouveraient des cartouches, de la poudre, des balles ou munitions de guerre, de quelque espèce que ce puisse être, après le délai fixé, seront fusillés. »

Ainsi, rendez-vous en prison sous peine de mort ; refusez asile sous peine de mort ; apportez vos armes de toutes espèces sous peine de mort; toujours la menace de la mort !

Et pour toute la population, pour toutes les classes !

Barcelone condamnée à reconstruire sa citadelle.

Le 7, Espartero condamne Barcelone à reconstruire elle-même et à ses frais sa citadelle ou sa bastille, et de suite, sans perdre

3

un jour, parce que, dit-il sans se gêner, cette citadelle est nécessaire à la tranquillité de cette capitale.

Ainsi, c'est clair, avoué, indubitable, incontestable, la citadelle de Barcelone est une bastille !

Il fait venir six compagnies du génie pour diriger et exécuter plus tôt la reconstruction.

La municipalité est condamnée à requérir et à faire travailler mille hommes pris parmi tous les habitans sans distinction, bourgeois et travailleurs, boutiquiers et prolétaires, riches et pauvres, amis et ennemis. Au lieu de réparer sa maison détruite ou ses affaires ruinées, chacun doit travailler à réparer la citadelle pour qu'elle puisse bombarder de nouveau le plus promptement possible.

La municipalité pourra employer des ouvriers soldés ; mais elle les paiera elle-même, et consacrera à cette dépense tous les fonds maintenant disponibles.

Elle emploiera aussi des *condamnés*, sans doute pour faire sentir aux habitans que tous sont des condamnés !

Rapport de Gutierrez au Ministre.

Le 3, au moment du bombardement, Gutierrez écrit à son Ministre :

« Après la réaction favorable à la suite de laquelle fut dissoute la junte révolutionnaire dont les membres s'embarquèrent ; et après qu'on eut désarmé la *canaille* intitulée *patulea*, il y eut une autre réaction qui eut pour motif la conduite du consul français, qui fit désembarquer cette junte révolutionnaire et tous les hommes qui avaient encouragé la rébellion. Les révolutionnaires s'étant réunis de nouveau dans la journée d'hier, plusieurs gardes nationaux sortirent de la ville, qui resta alors à la merci des *bandits*. Ceux-ci commencèrent par lever l'étendard de Christine et finirent par saccager la rue Ancha et celle de Las Platerias. A la vue de cet état déplorable dans lequel se trouve la capitale, livrée ainsi au vandalisme que le parti modéré et le consul français ont fomenté, l'ordre a été donné de commencer le bombardement, etc.

» On attend avec anxiété la soumission des *scélérats* pour arrêter le feu et les désastres qui en sont la conséquence. »

Ainsi, les ouvriers de Barcelone et même ses habitans ne sont que de la canaille, des bandits, des pillards, des vandales, des scélérats qu'il faut exterminer... C'est Gutierrez qui les traite ainsi, lui le premier coupable, le provocateur de l'insurrection. Et c'est forcé, car il ne peut pas avouer qu'il est lui-même un scélérat... Et si un Gutierrez français soulevait ainsi Paris, c'est ainsi qu'il qualifierait les Parisiens !

Et ce rapport de Gutierrez, qui accuse le Consul français d'être l'instigateur de l'insurrection, qui confond ce Consul et tout le Parti modéré avec les prétendus scélérats, etc., est, par ordre d'Espartero, officiellement publié dans la *Gazette de Madrid*, qui est le Moniteur espagnol !

IV. — Etat de siége ; Vengeance ; Cruauté.

On commence par désarmer la garde nationale, quoiqu'elle ait désarmé les corps francs et ouvert les portes de la ville, quoiqu'elle ait constamment demandé à conserver ses armes. Et pour compléter sa punition et son humiliation, ce sont les soldats qui la désarment !

Le désarmement s'opère avec la dernière rigueur. La peine de mort prononcée contre toute personne qui conserverait une arme quelconque et la prime de 2,500 fr. promise aux dénonciateurs procurent à l'autorité militaire une masse énorme d'objets d'une grande valeur. Ainsi, les habitans terrifiés apportent en toute hâte, non seulement les fusils de guerre, mais les pistolets, les fusils de chasse, les épées à riches montures, les sabres damasquinés, les poignards orientaux, enfin tous ces objets de luxe qui sont moins des armes réelles que des curiosités. Le désarmement est ainsi devenu la source d'un butin considérable ; c'est une confiscation, dont le produit n'est contrôlé par personne dans l'intérêt du trésor public. Quant à la rigueur avec laquelle on opère et la méfiance des généraux, elles sont portées à un tel point qu'on a même saisi les armes du théâtre, les piques et les sabres innocens que le magasinier remet aux mains des comparses.

Et tandis que la population est désarmée, la ville se remplit de soldats arrivant de tous côtés. — Bientôt ces soldats s'installent et se logent chez les habitans.

Les habitans sont contraints de travailler, par corvée, avec ardeur, à la reconstruction de la citadelle.

Les visites domiciliaires s'exécutent avec tout l'appareil de la terreur. Personne ne peut sortir de chez soi. On arrête environ 400 citoyens qui se cachaient. Et l'on cherche jusque dans les caves...Et l'on voit une foule de soldats enivrés dans cette sorte de pillage !

« Les visites domiciliaires paraissent avoir donné lieu à de honteux excès. Des commissaires, accompagnés chacun d'un détachement de troupes, faisaient enfoncer les portes des maisons vides, pour y chercher les armes et les munitions ; ces maisons ont été en quelque sorte livrées au pillage, surtout les caves, et l'on voyait une foule de soldats ivres circuler dans les rues. »

On dit qu'en rentrant dans Barcelone, Van Halen a fait fusiller les quatre premiers habitans qu'il a rencontrés.

Les soldats restés dans la ville pendant l'insurrection sont arrêtés et décimés. Treize tirés au sort sont fusillés de suite sur l'esplanade de la citadelle.

Le capitaine d'une des compagnies de corps francs est fusillé sur le glacis.

Ne pouvant avoir d'autres chefs de corps francs, on arrête de simples soldats, plus de 200.

Le *Constitucionnal* du 13 annonce que 85 individus ont déjà été fusillés.

Les dénonciations arrivent en masse au conseil de guerre. Nul accusé n'est confronté avec son dénonciateur.

On arrête et l'on traine à la citadelle un des hommes les plus dévoués au gouvernement, et l'un de ceux qui lui ont rendu le plus de services pendant l'insurrection. Tant il est vrai que les dévoués mêmes sont menacés par l'état de siége et les bastilles !

Le 17, Van Halen lance un ordre du jour dans lequel il publie les noms de 19 généraux ou officiers qui se cachent, et déclare que tous ceux qui connaîtront leur asile sans les dénoncer seront punis de mort. Mais que de personnages marquans dans cette conspiration évidemment Christinos !

Et pendant ce temps, une foule de bourgeois et de négocians se réfugient sur la terre étrangère.

Le Phare, de Bayonne, dit :

« A Gironne, Zurbano a fait mettre en prison les mères des jeunes gens qui sont en fuite et qu'il veut arrêter. »

En résultat, les boutiques sont fermées, les manufactures brûlées ou désertes, la ville ruinée.

Et 40,000 ouvriers, décimés par les exécutions militaires, se trouvent réduits à la plus affreuse misère.

Beau remède à leur misère antérieure !

S'ils étaient mécontens auparavant, ils doivent être bien contens maintenant ! Ils doivent bien estimer et bien aimer Espartero !

Et si cette ardente Barcelone et la belliqueuse Catalogne étaient disposées à l'insurrection, quelle ne doit pas être désormais leur impatience !

D'après sa correspondance de Barcelone, *le Phare*, journal ministériel de Bayonne, dit :

« Il sera difficile au gouvernement espagnol de percevoir la contribution de guerre de 12 millions de réaux. Les riches capitalistes se sont enfuis, ne laissant que des mobiliers de peu de valeur ; la majorité des autres contribuables paraît décidée à se laisser emprisonner et exproprier plutôt que de payer. Personne ne se présentera si on fait des ventes à l'encan. »

D'après les journaux de Barcelone et de Madrid, *la Patrie* dit :

« Le recouvrement de la contribution de guerre s'effectue avec la plus grande difficulté. Le nombre des habitans qui ont abandonné la ville depuis le commencement des troubles, monte à 60 ou 80 mille âmes, et non pas à 8 mille seulement, comme on l'a publié par erreur. C'est la moitié de la population totale ; et cette moitié comprend les familles les plus riches et les plus aisées. Le commerce et la fabrication sont tout à fait suspendus, et les ouvriers manquent de travail partout. »

Voilà ce qu'un bombardement produirait à Paris !

Le *Constitucionnal* du 23 montre ce que sait faire le pouvoir militaire quand il s'agit de hâter la construction d'une bastille.

« Sans doute il règne dans cette ville une grande rareté de bois; car on nous assure qu'on abat les arbres de la nouvelle promenade dans le charitable objet de les employer à la réédification de la très sainte citadelle. Tout cela se fait par ordre du général du génie, sans tenir compte le moins du monde de la municipalité, comme nous sommes en état de siége.... »

Il ne peut pas en dire davantage : mais ce n'est déjà pas mal !

« Les rédacteurs du journal de Barcelone *El Imparcial* écrivent au rédacteur de l'*Eco del Comercio*, du 25 décembre, que, s'ils ont émigré de Barcelone, c'est parce qu'ils étaient rédacteurs de ce journal et parce que le chef politique Guttierrez les avait traités d'infâmes, et que sa colère n'a même pas ménagé le correcteur des épreuves du journal. Ils disent qu'ils vouent à l'exécration publique le nom de Guttierez. Ils n'ont pas voulu attendre la décision de la justice, parce qu'à Barcelone il n'y a plus d'autre règne que celui du caprice. Si une espèce d'inquisition militaire n'y avait pas été établie en remplacement de la justice ordinaire, ils rédigeraient encore l'*Imparcial*, ils ont jeté leurs plumes parce qu'il ne leur était permis que d'écrire des faussetés. »

Le *Journal de Toulouse* donne les détails suivants :

« On raconte des choses horribles au sujet de la *procédure* suivie contre les proscrits de Barcelone. Vingt-un individus n'avaient pour les défendre devant le conseil de guerre qu'un seul et même avocat. Treize furent condamnés à mort, et parmi eux un enfant de *quatorze ans* ! Ces malheureux ont marché à la mort en chantant. Ils virent, en passant, la charrette destinée à transporter leurs cadavres, et ils entonnèrent à cette vue le *Requiem*.

» On n'a pas même recouvert de terre la place où ces malheureux avaient été fusillés. Une large mare de sang, mêlée de débris de crânes, y séjourne. »

Le même journal ajoute :

« Un *bando* du capitaine-général déclare que tous les fonctionnaires publics qui ne sont pas sortis de Barcelone pendant les jours d'émeute, seront destitués s'ils ne justifient point de leur conduite. Par extension, on a classé dans les fonctionnaires les notaires, avocats, médecins, avoués, pharmaciens, architectes. »

Enfin, écoutez pour les élections !

« Les élections municipales devaient se faire le 18. Dans une réunion préparatoire, on avait désigné M. Gibert pour les fonctions de premier alcade constitutionnel. Ce choix ne convenant pas au gouvernement, à ce qu'il paraît, Van Halen n'a pas trouvé de meilleur expédient pour empêcher l'élection de M. Gibert que de le faire arrêter, sous prétexte qu'il avait figuré dans un club de malveillans. Toute la ville a été indignée de cette arrestation. »

V. — Mouvemens en Catalogne et ailleurs.

Les insurgés, Républicains et Christinos, espéraient que la Catalogne et l'Espagne se lèveraient à leur exemple. Cependant tout s'est borné à une vive agitation. — Mais, vers le 3 décembre, quand on apprend l'arrivée des Anglais, les menaces et l'insolence d'Espartero, l'irritation nouvelle et la résistance du Peuple barcelonais, puis le bombardement dont les illuminations et les détonations se font voir et entendre au loin, quand on voit la désolation et l'effroi des femmes des enfans, des vieillards qui fuient pour trouver un asile; alors l'irritation devient générale.

Écoutez les récits publiés par les journaux :

« La province ne s'était pas soulevée à la voix de la junte insurrectionnelle, et c'est leur isolement qui a découragé les Barcelonais. Mais le bombardement a excité une vive indignation. Les lettres des alcades affluaient dès le lendemain au quartier-général d'Espartero, pour l'avertir que les habitans de la campagne menaçaient de marcher en masse au secours de Barcelone.

Les Anglais diront eux-mêmes, pour justifier le bombardement précipité, qu'Espartero se trouvait dans la nécessité d'en finir promptement, à tout prix, parce que la Catalogne commençait à se soulever.

La *Sentinelle de la Marine* dit :

« Au moment où la ville se rendait, toute la Catalogne se soulevait, et les populations marchaient à son secours. Un jour plus tard, les affaires changeaient de face. — Au reste, le regent est méprisé par la grande majorité de l'armée; on disait ouvertement que s'il se fût trouvé à Barcelone un général capable, l'armée aurait fait cause commune avec l'insurrection. »

Les *Débats* disent aussi :

« L'arrivée des deux vaisseaux de ligne anglais et les bruits qui se sont propagés dans le peuple sur la nature de leur mission paraissent avoir déterminé une explosion dans toute la Catalogne et soulevé les populations jusqu'alors incertaines. Plusieurs villes se prononcent de nouveau, plusieurs autres, qui étaient restées tranquilles, se lèvent à leur tour ; enfin des milices et des paysans armés marchent au secours de Barcelone. »

Une lettre de *Girone*, du 4, porte :

« Il est midi ; le peuple est ici dans une *exaspération indicible*, par suite des nouvelles que nous recevons de Barcelone. Le bombardement a commencé.

Au moment où j'écris, on sonne le *tocsin* à *Somaten*, dans toutes les églises où le peuple est parvenu à s'introduire de vive force; des rassemblemens considérables se forment dans les rues, et l'on se dispose à aller prêter main forte à nos frères assiégés de la métropole. »

Écoutez encore les *Débats :*

« Les mesures de rigueur déployées contre Barcelone, les arrestations et les fusillades qui succèdent aux désastres du bombardement, ont excité une grande *irritation* dans les autres parties de la Catalogne. Il y a peu de villes dans cette province où les ennemis du régent ne se soient livrés à des manifestations séditieuses plus ou moins prononcées, lors du soulèvement de Barcelone. Aujourd'hui l'on *redoute* d'avoir à subir les mêmes vengeances dont cette ville est frappée. On voit que la première mesure prise par le vainqueur a été le *désarmement* de toute la garde nationale, après quoi les *exécutions* ont commencé aussitôt, et l'on s'attend à ce que la même mesure soit étendue à plus d'une autre ville. On sent l'orage approcher; de là une *indignation générale* qui se manifeste par des tentatives de résistance.

« Déjà, en effet, la garde nationale de Figuières s'est rassemblée en armes le 8 de ce mois, sur la grande place, au nombre de 600 hommes, pour délibérer sur la menace répandue d'un prochain désarmement : puis, ils allèrent se ranger en bataille devant la citadelle. Le commandant avait fait fermer les portes et lever les ponts, et il ne laissait voir aucun soldat sur les remparts, pas même les sentinelles, qui se tenaient renfermées dans leurs guérites. Les gardes nationaux, après avoir crié : « Vive la liberté! à bas Espartero! » retournèrent sur la grande place, où ils firent serment de ne pas déposer les armes qu'ils portent pour la défense de la patrie et de la liberté.

« A la nouvelle de cette émeute, trois régimens sont partis de Barcelone, le 10, pour Girone et le nord de la Catalogne, où est situé Figuières. Nul doute que l'exaltation y sera aisément comprimée, et le désarmement opéré, là comme ailleurs, si c'est la volonté d'Espartero. Les troupes le serviront avec un zèle aveugle.

« On écrit que le terrible Zurbano va retourner à Girone, où naguère il gouvernait si despotiquement.

« Le fameux Abdon Terradas parcourt les montagnes du Lampourdan, à la tête d'une bande qu'on suppose être de 100 hommes, parmi lesquels se trouveraient 40 officiers.

« Dans les villages de la frontière du côté de Saint-Laurent de Cerdans, on sonnait, le 5, le tocsin, et les populations couraient aux armes, aux cris de : « A bas Espartero! à bas les Anglais! » A Berga, 1,500 hommes étaient, à la même date, prêts à marcher. On était dans les mêmes dispositions à Puigcerda.

« La garde nationale de Séville va être dissoute par suite des manifestations qui ont éclaté le 9 de ce mois contre le pouvoir militaire. Une dépêche du Régent a ordonné le désarmement immédiat des deux bataillons qui s'étaient le plus compromis dans cette tentative de sédition. Le bando publié à ce sujet porte que les individus qui n'auront pas remis leurs armes dans la journée, avant cinq heures, seront traités comme rebelles. Un renfort de troupes a été expédié de Cadix, par bateau à vapeur, pour assurer l'exécution du désarmement. »

Une lettre de Girone publiée par le *Castellano*, porte :

« Zurbano arriva le 12, suivi de deux bataillons d'Afrique, deux d'Amérique et d'un escadron de cavalerie. On lui demandait de loger un bataillon dans les villages d'alentour ; il le refusa avec la brutalité d'usage. Cinquante-neuf personnes ont été arrêtées, entre autres le négociant don Ambrosio Sormani. Un grand nombre de personnes compromises sont en fuite. Zurbano a dit aux officiers de la milice : « Je ne me contente pas de désarmer ; je ne prétends pas faire les choses à demi : ce qu'il me faut, ce sont beaucoup de têtes. Personne n'a fusillé autant que moi, mais j'ai toujours rétabli la tranquillité là où j'ai été envoyé. Espartero m'a donné carte blanche. »

On lit dans une autre lettre écrite à un journal de Madrid :

« Lorsque le tigre Zurbano est entré ici avec des forces imposantes, son premier soin a été de faire fermer toutes les portes de la ville. Défense a été faite de sortir de la ville. Les prisons regorgent de monde. Ceux qui élèvent la voix en faveur des prisonniers vont bientôt les rejoindre dans les cachots.

» Il y a une police secrète chargée d'arrêter quiconque se permettrait de parler contre le dictateur. Les choses n'allaient pas mieux du temps de l'inquisition. Nous sommes sous un joug de fer établi par un homme de sang. »

Et voyez maintenant que d'émigrés riches et puissants, que de bourgeois et de propriétaires compromis et menacés se trouvent personnellement intéressés à une nouvelle insurrection !

« Il y a toujours un grand nombre de réfugiés à Perpignan. On y remarque les généraux Pastor, Lasauca, Chacon, le brigadier Durando et beaucoup d'officiers. Le gouverneur de la citadelle de Figuières leur a intimé l'ordre de se présenter dans la forteresse, pour expliquer leur conduite devant un conseil de guerre, sous peine de perdre leurs grades et leurs traitemens. On pense bien que ces officiers aimeront mieux en faire le sacrifice que d'exposer leurs têtes à une pareille procédure.

« Le brigadier Moreno de Las Penas, colonel du régiment de Guadalajara, et qui se trouve maintenant à Perpignan, a été condamné à mort, apparemment pour avoir figuré sur la liste des membres de la junte consultative. — Le brigadier Castro, rentré en Espagne il y a quelques jours, a été arrêté à Girone et va être jugé. — On a donné l'ordre de fusiller le colonel Prim aussitôt qu'on parviendrait à s'emparer de sa personne.

« Les émigrations recommencent. Ceux qui ne veulent pas fuir parlent de se former en bandes pour défendre leur vie, et de recommencer le métier de guerilleros. On verrait figurer dans ces nouvelles bandes trois partis opposés que la persécution va réunir. »

Comment maintenir la paix? En appelant toute l'armée en Catalogne? Mais le mécontentement ne fera qu'augmenter avec l'oppression et la misère! Et si le reste de l'Espagne s'insurgeait contre Espartero, le suppôt des Anglais....?

VI. — Humanité du Consul français.

Nous examinerons plus bas si, comme l'en accusent Guttierez, Espartero et les Anglais, le Consul de France a ou n'a pas fomenté l'insurrection dans l'intérêt de Christine ; nous ne voulons constater ici que le fait matériel.

Il est certain que le Consul français a toujours témoigné de la bienveillance aux Barcelonais,

Nous avons vu (p. 17) la Junte réclamer ses bons offices.

Nous l'avons vu (p. 18) braver le mécontentement du peuple pour sauver tous les Espagnols espateristes vaincus, les fonctionnaires publics, les officiers supérieurs, notamment la famille de Guttierez, celle de Van Halen que le peuple voulait garder en otages contre le bombardement.

Nous l'avons vu (p.   ) faire tous ses efforts pour retarder le bombardement dans l'intérêt des Français, et , par le fait, dans l'intérêt de Barcelone.

Nous l'avons vu (p. 25) recueillir également et sauver les Espagnols insurgés qui voulaient fuir, républicains ou christinos.

Enfin , après le bombardement , il fait descendre 300 marins français avec des pompes et des seaux , pour aider les Barcelonais à éteindre l'incendie.

Aussi a-t-il reçu les bénédictions des Barcelonais, d'autant plus que la conduite du consul anglais , toute différente, excitait des sentimens contraires.

Une lettre de Barcelone, publiée par le *Peninsular*, s'exprime ainsi :

« Ne croyez pas que les Français aient pris une part active aux événemens de Barcelone. Ils se sont contentés de se montrer nobles et généreux pour tous, accueillant avec la même considération la famille de Van Halen, les dames Zabala, Guttierez, divers officiers supérieurs et les membres de la junte et les officiers qui s'étaient compromis pour elle. Les Français ont déployé une conduite digne d'estime et de gratitude. Leur consul s'efforça de faire ajourner le bombardement , tant pour l'intérêt des sujets de sa nation , que dans l'intérêt de la ville qu'il voulait sauver du ravage. Le consul français a beaucoup fait, au péril de sa vie, pour Barcelone , et plus encore pour Van Halen. La ville lui en garde une profonde reconnaissance; mais Van Halen le paie de calomnies. »

Louis-Philippe le nomme Officier de la Légion-d'honneur, pour montrer qu'il approuve sa conduite , et pour plaire aux Espagnols.

Les Français résidant à Barcelone lui expriment aussi leur reconnaissance dans une adresse, et lui offrent une médaille d'or.

La Chambre de commerce de Marseille lui vote des remerciemens.

Enfin, les consuls étrangers lui offrent un banquet pour manifester leur sympathie en faveur de ses actes d'humanité.

VII. — Inhumanité du Consul Anglais.

Nous examinerons tout à l'heure si le Gouvernement Anglais a ou n'a pas provoqué l'insurrection pour la faire ensuite écraser : nous ne voulons constater ici que l'inhumanité de la conduite matérielle de son consul.

Nous l'avons vu (p. 19), refuser d'abord de signer la protestation contre le bombardement immédiat.

Nous avons vu (p. 28) les officiers anglais tromper et corrompre les bataillons de Barcelonette pour perdre Barcelone.

Nous l'avons vu ne donner aucune espèce de secours aux Barcelonais : mais écoutez.

Lettre du Consul Anglais à Van Halen :

« J'ordonnai qu'on reçût à bord ceux qui demanderaient asile, en prévenant toutefois expressément qu'*aucun espagnol ne devait être admis.* Aussi n'ai-je délivré aucun passeport, *ni accordé protection d'aucun genre* à aucun sujet de S. M. C., et je puis assurer V. Exc. que si j'admettais sous la protection du pavillon britannique quelqu'un des insurgés, je me considérerais comme *coupable d'hostilité contre le gouvernement près lequel je suis accrédité.* »

Ecoutez encore ce que dit une lettre de Barcelone au *Peninsular :*

« Le consul anglais a long-temps refusé de signer avec ses collègues une protestation tendant à faire ajourner le bombardement ; il répandait partout l'alarme, il allait visiter Espartero sans en donner avis aux autres consuls. Une frégate à vapeur et un brigantin anglais se montrèrent dans la rade. J'ai vu une chaloupe transborder du vaisseau anglais *Belvedere* des munitions de guerre qui furent immédiatement dirigées sur le fort Mont-Jouy, où trois officiers et cinq artilleurs de la marine britannique s'étaient déjà rendus. Ces derniers se chargèrent de diriger le feu des mortiers. »

En résumé, c'est l'opinion publique à Barcelone, que des vaisseaux anglais, des projectiles anglais, des officiers anglais, et le consul anglais, ont aidé Espartero à bombarder la ville, à exterminer les habitans.

Aussi, les malédictions contre les Anglais sont-elles générales à Barcelone et dans la Catalogne.

VIII. — Opinion publique en Espagne.

L'*Heraldo* fait la peinture suivante de la situation de Barcelone :

« Barcelone est opprimée, mais non pas soumise. Chaque nuit, des citoyens paisibles sont arrachés de leur lit et du sein de leurs familles pour être plongés dans les cachots de la citadelle. Des chaînes de prisonniers faits dans les villages voisins entrent chaque jour dans la ville. Le nombre des personnes arrêtées s'élève déjà à mille, bien que les individus les plus compromis aient émigré par centaines. Treize personnes sont déjà fusillées, et l'on parle vaguement *d'exécutions faites dans le mystère des prisons.* Les maisons dont les habitants ont fui sont enfoncées. Les rues, les promenades sont désertes ; quelques habitans apparaissent ça et là : l'indignation et la douleur se lisent dans leurs yeux. On n'entend que le pas des patrouilles qui, les armes chargées, sillonnent la ville dans tous les sens ; le bruit des armes, le bruit que font les haches en fracassant les portes. Les détachemens qui stationnent sur les places obligent les passans à ouvrir leurs manteaux... Je le répète, Barcelone est opprimée et non pas soumise. Si Prim et autres braves arboraient, dans la principauté, le drapeau de la vengeance, ils trouveraient bientôt des milliers de soldats. »

Le parti Esparteriste fait tous ses efforts pour égarer l'opinion publique par des manifestations en faveur d'Espartero et du bombardement : quelques petites municipalités lui envoient des adresses et des députations à son quartier-général à Sarria ; et les journaux ministériels font grand bruit de ces rares et faibles démonstrations. — Mais l'immense majorité de l'Espagne garde le silence ou témoigne des sentimens contraires ; et ces approbations déshonorantes pour ceux qui les donnent ne prouvent autre chose que les manœuvres du Pouvoir, la terreur ou l'ambition et la servilité des approbateurs. — Que peuvent prouver désormais les adresses officielles, et quelle mesure gouvernementale pourrait être assez odieuse pour n'en pas obtenir quelques unes, quand on voit que le bombardement en obtient ? La St-Barthelémy même a reçu les félicitations d'un Pape !

Ainsi, les officiers de la garnison de Valladolid se sont réunis à quelques Esparteristes pour donner une fête en l'honneur du bombardement (et c'est tout simple, puisque c'est le moyen de plaire au Gouvernement), mais les citoyens indignés ont failli les assommer.

L'opinion est tellement irritée à Madrid que le Jury de cette capitale, composé d'hommes modérés, vient d'acquitter le journal *el Huracan* (l'Ouragan), poursuivi pour avoir répété le plan de Révolution publié dans le *Républicain* de Barcelone. (V. page 6.) On voulait même donner une sérénade au journaliste.

On propose une fête pour la rentrée d'Espartero à Madrid : ce serait une infamie pour la capitale de l'Espagne ; mais le Conseil municipal refuse !

Les journaux espagnols demandent à grands cris la mise en jugement de Van Halen pour avoir abandonné précipitamment Barcelone, où, selon eux, il aurait pu se maintenir. Comme il fait traduire au conseil de guerre ceux qui ont capitulé dans les forts et les casernes après sa sortie de la ville, et que le général Vercterra, l'un d'eux, est arrêté pour ce fait, on s'indigne de l'impunité accordée à celui qui leur a donné l'exemple.

On va même jusqu'à parler hautement de la déchéance ou de la chute d'Espartero lui-même.

Aussi, Espartero reste long-temps dans le village de Sarria sans oser ni entrer à Barcelone ni à Madrid, ni même sortir de son appartement.

On lit dans les *Débats* :

« On prétend que, pendant son long séjour à Sarria, le régent n'a pas cessé de s'environner des plus grandes précautions pour sa sûreté personnelle. Il n'est sorti de la maison où il logeait qu'une seule fois, pour aller à une maison de campagne voisine, avec une escorte de plusieurs escadrons. Jamais on ne l'a vu se promener dans le jardin, parce que d'autres maisons dominaient sur quelques parties de ce jardin. On ajoute qu'il portait toujours sur lui une paire de pistolets. »

Ainsi, voilà le bombardeur dont le palais ne sera plus qu'une prison pour lui, qui va s'y faire entourer de barrières et de gardes, et qui ne pourra plus sortir, même pour aller aux Cortès, qu'escorté d'une armée pour le défendre !...

Les *Débats* ajoutent :

« Tous les Catalans abhorent Espartero, et, à son titre de *duc de la Victoire*, ils substituent maintenant celui de *Duque de la Cobardía* (duc de la Couardise). »

Le même Journal dit encore :

« Espartero a accordé le grade d'intendant et la croix d'Isabelle la catholique au sieur Diego Paado, de Saragosse, qui lui a *prêté*, à son passage, 36 mille piastres. »

Voilà les vertus et les services nécessaires pour mériter les croix et les fonctions publiques ! Indignez-vous donc contre les temps de barbarie !

L'*Archivo-Militar* (de Madrid) dit :

« La mise en jugement de Van Halen est le seul moyen de fermer la bouche à ceux qui accusent le gouvernement d'avoir *désiré* le soulèvement de Barcelone, et Van Halen d'être son *complice*. Le gouvernement, sûr de la victoire, voulait cette occasion d'augmenter sa force, de consolider la tyrannie militaire et de dompter la Catalogne par des mesures de terreur. »

Un décret du 21 destitue Van Halen. Les *Débats* ajoutent :

« On dit même que le régent voulait envoyer Van Halen en résidence forcée à Saragosse ; mais le général, mécontent d'être destitué après avoir servi d'instrument à tant d'actes ténébreux ou violens, menaçait de publier un Mémoire où il aurait transcrit des lettres particulières d'Espartero qui jetteraient le *jour le plus sinistre* sur l'affaire de Barcelone. Tel est le bruit généralement accrédité dans cette ville. On ne donne pas de détails plus circonstanciés sur le mystère de ces lettres et de ce Mémoire. »

Que d'ingratitude ! Et si l'instrument mérite d'être brisé, que ne mérite pas la tête qui le faisait mouvoir et sans laquelle il n'aurait rien fait ? Que de mystères d'iniquité !

Et les Cortès paraissent tellement irrités que le Régent ne pense qu'à les dissoudre. On croit même qu'il veut faire prolonger la minorité de la Reine jusqu'à 18 ans, afin de conserver la Régence et le pouvoir.

Le Pabellon espanol (20 décembre) dit :

« Il circule en ce moment un bruit fort étrange : le gouvernement a, dit-on, fait passer aux Puissances étrangères une note dans laquelle il déclare qu'il est impossible de gouverner avec la constitution de 1837, et demande le concours de ces Puissances pour le cas où il se déciderait à modifier la loi fondamentale. »

Les journaux anglais l'y engagent formellement.

Et cependant Espartero disait qu'il faisait bombarder Barcelone, parce qu'elle violait la constitution de 1837, qu'il jurait de faire respecter. O mensonge ! ô hypocrisie ! ô perfidie !

Mais écoutez une demande d'accusation :

Adresse des Députés Catalans au Régent.

Les députés de la province de Barcelone ont adressé au régent l'exposition suivante :

« Les députés soussignés de la province de Barcelone ne sauraient plus long-temps s'abstenir de témoigner à V. A. la profonde douleur avec laquelle ils ont vu les mesures adoptées par le gouvernement contre la ville de Barcelone. Quelles que soient les causes des troubles de cette malheureuse ville, il reste toujours avéré que le gouvernement n'a pas agi dans les limites de la loi, qu'il a méconnu les vœux des chambres, qu'il a enfreint la constitution de l'état, et qu'il s'est montré sourd à la voix de l'humanité.

« Les députés soussignés seraient indignes de représenter la province de Barcelone, si, à la vue de tant d'illégalités et de tant de scandales, et quand ils ne peuvent faire entendre leur voix au sein de la représentation nationale, ils n'adressaient pas à V. A. en leur nom et au nom de leurs mandataires de justes et amères plaintes qu'ils ont jusqu'à présent dévorées. Fidèles interprètes des sentimens et des désirs d'un pays qui les a honorés de sa confiance, ils recourent à V. A. pour qu'il soit mis prompte et bonne fin aux maux qui affligent l'industrieuse et patriotique cité de Barcelone, digne à tant de titres d'un meilleur sort. — La loi, la justice, la politique et l'humanité, demandent une mesure énergique et digne d'une nation libre.

« Les ministres actuels ne peuvent pas gouverner plus long-temps la nation. Avec eux doivent disparaitre leurs mesures inconstitutionnelles; et s'il appartient aux chambres de les accuser et de les juger, il vous appartient, Altesse, de leur retirer immédiatement votre confiance. — Tels sont les sentimens et les désirs des députés soussignés, nous espérons que V. A. les prendra en considération. — Madrid, 25 décembre 1843. — Pedro Mata. — Joaquin Alcorisa. — Juan Vilaregut. — Antonio Vidal. — Pablo Pelacho. »

CHAPITRE V. — Opinion des Journaux.

I. — Journaux espagnols.

Constitucional de Barcelone.

Ecoutez d'abord les *Débats* citant ce journal :

« Le *Constitucional* de Barcelone est dévoué à Espartero, et ce journal appuyait chaudement, en 1840, la révolte qui renversa la reine Christine. Aujourd'hui il a condamné la nouvelle insurrection, il a salué le triomphe du régent; mais en présence des horreurs dont il est le témoin, il ne peut s'empêcher d'élever la voix en faveur de la constitution violée et de l'humanité outragée, et voici en quels termes, dans son numéro du 11, il formule un blâme indirect contre le régime de terreur qui pèse sur Barcelone. »

Voici maintenant le *Constitucional :*

« Autant l'impunité encourage les criminels, autant l'injustice et l'ingratitude contribuent à perpétuer des haines de père en fils. Nous désirons que ceux qui nous gouvernent s'en tirent à leur honneur; mais nous ne cacherons pas un pressentiment qui nous afflige; il nous semble difficile que ceux qui n'ont pas su prévenir sachent remédier. Puissent nos craintes n'être pas méprisées ! Si nous avons ce malheur, le jour où les hommes dont il s'agit, reconnaissant enfin leur erreur, se lamenteront de l'avoir fait peser sur des milliers de familles, nous pourrons leur dire : « Vous êtes bien coupables, car vous étiez avertis ! »

Le même journal disait aussi :

« La satisfaction qu'éprouvent tous les bons patriotes de voir saine et sauve la constitution de l'état est compensée par le douloureux spectacle que présente la ville encombrée des ruines d'une infinité de maisons, et, parmi ces maisons, il s'en trouve beaucoup appartenant à des ennemis de la révolte qui a provoqué le bombardement.

» Soumis à un état exceptionnel, nous ne pouvons pas mettre le public dans la confidence de toutes les sensations qui se refoulent dans notre cœur.

» Toutefois, nous n'hésiterons pas non plus à critiquer certains actes terribles du gouvernement, de nature à produire un effet tout contraire à celui que l'on en attend; aujourd'hui, il ne nous est permis que de mêler nos larmes au sang des victimes, et d'implorer le gouvernement pour qu'il ne se laisse pas aller à un esprit de vengeance mesquine, et à bien prendre garde de verser une seule goutte de sang innocent. Il faut ne pas se faire illusion; ceux qui se sont mis à la tête du mouvement ont disparu ; la bannière arborée par les rebelles était celle d'une pensée rétrograde, elle était anti-cons'itutionnelle, et néanmoins quelques hommes qui ont imprimé de l'élan au mouvement révolutionnaire n'étaient ni rétrogrades, ni anti-constitutionnels. »

Ainsi, les bombes ont détruit les maisons des amis d'Espartero comme celles de ses ennemis! Ainsi, ce sont les Christinos qui ont organisé l'insurrection, et ce sont les Républicains qu'on fusille !

Le *Constitucional* dit ensuite :

« Plus tard, nous dévoilerons, en lui arrachant son faux semblant de philantropie, *la main étrangère qui répand l'or pour corrompre* des misérables, acheter des traitres et diriger les armes des hommes égarés contre le sein de la patrie. »

Ce *Constitucional*, tout dévoué qu'il est au Régent, flétrit ainsi l'injustice et la barbarie.

« On ruine une ville entière, dit-il, sans distinction de coupables et d'innocens; et cependant, des correspondances officielles suivies pendant dix-huit jours, prouvent que la ville entière n'était pas coupable. La ruine de Barcelone est décrétée par ordonnance....

« Quand donc luira pour l'Espagne l'heureux jour de la véritable et positive responsabilité ministérielle? On punit les Barcelonais de ce qu'abandonnés à eux-mêmes, sans autorités, sans direction, ils n'ont pas pu dominer une nuée de factieux, soutenus par une *main occulte et un plan combiné*. On dirait, à voir les mesures que le gouvernement accumule ainsi sur Barcelone, qu'il rédige le programme de ses *funérailles*, l'ordre de ses *obsèques*.

« C'est le ministère entier qui a conseillé les mesures rigoureuses adoptées contre Barcelone. Le ministère met la sédition partout : à l'hôtel de la monnaie, dans la fabrique de cigarres, c'est un parti pris d'enlever le pain à des milliers de familles ; c'est-à-dire que l'on profite de la circonstance pour tout comprendre dans le régime de fer que l'on veut établir : c'est de la *rage rancunière* pouvant, jusqu'à un certain point, expliquer le bombardement. Le ministère ne pense pas qu'avec ces mesures, dictées par la duplicité et la lâcheté, étrangères à la civilisation du siècle, il frappe d'une manière impitoyable sur les classes utiles, laborieuses et productives. On veut faire subir à Barcelone, autrefois florissante, aujourd'hui anéantie, une lente et douloureuse agonie. La *postérité* sera moins sévère pour le marquis de Loz Velez mettant au pillage la Catalogne sous le règne de Philippe IV, que pour un ministère qui parle de constitution et de justice dans le préambule de décrets tout imprégnés de ressentiment et de barbarie, décrets souverainement oppresseurs, et qui sont destinés à faire subir à Barcelone un martyre prolongé. »

Il est beau de voir un journal braver ainsi l'état de siége pour défendre l'humanité !

Le *Constitucional* dit encore :

« Le choix des victimes du bombardement pour être alcades ne nous convient pas, parce que c'est un choix dicté par la passion et le ressentiment. Qu'on le sache bien, il y a dans Barcelone 6 ou 8,000 libéraux qui ont vu tels ou tels rétrogrades dépenser à pleines mains de l'argent derrière telle ou telle barricade.

» Les libéraux connaissent bien ceux qui se sont présentés à la junte, qui ont été les conseillers de Carsy, qui ont désigné des hommes pour certains postes, qui ont sur la place Saint-Jaime donné des instructions aux émissaires chargés de régler les conditions de la convention, qui ont supposé des lettres parlant de soulèvement dans les endroits où il n'y en avait aucun, qui couraient, répandant partout l'alarme, pour empêcher les transactions, alors que les Patuleas étaient déjà désarmés et que la première junte s'était retirée, qui ont conseillé d'arborer le drapeau français ; qui, le vendredi 2, à la place Saint-Jaime et sur la Rambla, d'accord avec des étrangers débarqués *ad hoc* excitaient à la résistance. Rétrogrades qui voulez par vos intrigues électorales achever de consommer la ruine de Barcelone, de grace, lisez cet article ; vous êtes connus : avec les modérés sages, nous nous entendrons facilement. C'est la patrie qu'il s'agit de sauver aujourd'hui ; il ne faut à Barcelone ni furies, ni trames perfides ; la raison, la dignité catalane, la justice, le temps, père de la vérité, feront le reste. »

Gazette ou *Moniteur de Madrid*.

« Le Gouvernement a maintenant un devoir terrible à remplir. Il doit faire justice et châtier. »

El Patriota.

« L'Espagne et l'Europe entière applaudissent au triomphe du Régent sur des hommes turbulens et sans aveu. L'Europe absolutiste rendra justice au Gouvernement qui sait défendre les lois contre leurs ennemis, quels qu'ils soient. Quant aux étrangers qui se seraient associés à de vils Espagnols, ceci sera pour eux une leçon terrible qui leur apprendra que l'unique moyen d'avoir les sympathies de l'Espagne, c'est de se grouper autour du parti national qui a triomphé en septembre 1840, en octobre 1841 et en novembre 1842 ! L'anarchie ou le despotisme masqué, ou la restauration honteuse viennent d'être vaincus à Barcelone ; mais leurs élémens tant au dedans qu'au dehors ne sont pas entièrement détruits. Si des mesures partielles et des considérations imprévoyantes et coupables pouvaient encore alimenter de criminelles espérances, bientôt le to_cin sonnerait encore. L'heure est sonnée pour les ennemis du Code fondamental et de l'ordre des choses ; la majorité de la Nation compte que le Gouvernement saura compléter le triomphe de Barcelone. Nous n'hésitons pas à dire à l'illustre Régent qu'il est en son pouvoir de compléter ce triomphe. »

L'el Heraldo (le Héraut) , *de Madrid.*

« Barcelone est ruinée ; voilà comment l'homme qui domine l'Espagne comprend les hautes et paternelles fonctions de la royauté ! La nation frémira, ou elle serait la dernière des nations ; la nation frémira de voir à sa tête un régent mêlé dans une horrible boucherie ! un régent qui se complaît dans les pleurs et le massacre des citoyens qu'il a mission de protéger ! un régent qui préside à un bombardement épouvantable ! Le duc de la Victoire a été fatal à ses amis. Léon et O'Donnel lui ont valu ce même titre de duc de la Victoire : l'un a péri sur un échafaud et l'autre se consume dans l'exil. Bilbao et Barcelone lui ont donné gloire et pouvoir ; l'une fut opprimée par les proconsuls du duc, l'autre est bombardée par lui-même ; et il détruit cette même ville où, il y a deux ans, il vint mendier le concours de la populace pour monter au pouvoir. »

Le même journal trouve Espartero plus cruel que Néron.

« La ville la plus riche d'Espagne a été incendiée par les bombes espagnoles, parce qu'un général, aussi lâche que sanguinaire, Van Halen, n'a pas voulu combattre et affronter dans les rues une poignée de rebelles pour lesquels il affectait cependant un mépris souverain. Les fabriques de Barcelone ont été incendiées , parce que le fort d'Ataraza-

nas et la citadelle ne lui semblaient pas suffisans pour sa sûreté personnelle. Le chef d'un royaume fait cent lieues de chemin pour mieux voir
la lueur des bombes qui foudroient une cité populeuse.

» La poussière des ruines, la fumée des maisons incendiées, la vapeur du sang dégouttant sur les échafauds, tout cela n'a pas ému l'âme
intrépide d'Espartero! Néron chantait l'incendie de Troie en contem-
plant les flammes qu'il avait allumées dans Rome. Cependant l'assassin
de Britannicus fut clément; il ouvrit le Champ-de-Mars, et les édifices
publics et ses propres jardins au peuple qui fuyait devant l'incendie. Le
représentant de la monarchie en Espagne pose un cordon de sentinelles
pour barrer le passage aux fugitifs. Le Romain, en frappant Sénèque, a
pitié de sa femme et l'empêche de se donner la mort : l'Espagnol, dans
ses bandes farouches, proclame que l'innocent répondra pour le coupable, le fils pour le père.

» L'ambition d'un homme obscur coûte la vie à des milliers d'êtres,
à nos soldats comme à nos citoyens. Voilà donc la liberté! voilà le
triomphe de la constitution! Entendez-le bien, vous tous qui avez du
sang dans les veines! vos droits sont menacés par le plomb, vos maisons par les flammes, vos têtes par le bourreau! Ainsi la tourmente
s'apprête à fondre sur le pays. »

El Sol (le Soleil) de Madrid.

« Dans la monstrueuse affaire de Barcelone, on ne voit que honte,
mystère et fureur. On a été lâche ou perfide. La cruauté maintenant
rivalise avec l'ineptie et la lâcheté. Pourquoi a-t-on si précipitamment
évacué Barcelone? Pourquoi n'avoir pas tout d'abord resserré le blocus? Pourquoi n'avoir pas tenté l'assaut? ou plutôt pourquoi n'avoir pas
laissé s'ouvrir les portes aux hommes modérés qui y consentaient?

» La destruction est tombée sur la première ville d'Espagne ; est-ce
donc là ce qu'on voulait? L'incendie de nos fabriques a éclairé le traité
de commerce; l'incendie des maisons de l'Hôtel-de-Ville, de l'Hôpital,
des Archives, a éclairé la défaite du parti exalté; l'incendie de Barcelone a éclairé le nouveau règne d'un dictateur. Madrid est profondément indigné, profondément affligé. Le pacificateur fusillait l'an dernier
ses compagnons d'armes; cette année il fusille Barcelone. Mais par là
nous arrivons au dénoûment de la crise. C'est aux cortès à représenter
cette fois l'opinion du pays. »

Le Castellano de Madrid.

« Les jours néfastes de Barcelone ne s'effaceront pas de la mémoire
des Espagnols. Le 3 décembre, 300 édifices de la seconde ville espagnole ont été ruinés. La journée du 4 éclaira cette désolation, et les
Barcelonais s'indignèrent à la vue de l'incendie, des ruines et des cadavres. Le 5, l'indignation dut se taire; le général Van Halen lui avait
imposé silence par un *bando* digne d'Attila. Le mot *fusillé* se reproduit
à chaque ligne dans ce *bando*, qui fait oublier le comte d'Espagne et
Chaperon. Et l'on veut nous forcer à nous taire! Quoi! nous devons
voir la ruine d'une cité florissante, voir fouler aux pieds la constitution
et garder le silence! Oh! non! car c'est déjà trop : la mesure de notre
patience est comblée.

» Nous abhorrons la tyrannie : nous savons prendre la défense de
l'humanité outragée, de nos droits bafoués. Est-ce ainsi que l'on exerce
la justice au nom d'une jeune reine qui frémira d'horreur en apprenant

4

les monstruosités de Barcelone? Est-ce ainsi qu'on pacifie une nation? On dit que Barcelone est rentrée sous l'empire de la loi; oui, la loi de Van Halen et de Zurbano! »

Le Castellano dit encore :

« L'histoire jugera le bombardement de Barcelone; il nous semble toutefois que cette mesure ne saurait être justifiée ni atténuée. Un gouvernement qui n'a plus que la force physique pour appui doit nécessairement tomber. »

El Corresponsal.

Ce journal, qui se prétend modéré et qui blâme la violence des autres, dit :

« Hommes du pouvoir! écoutez ce qu'ont à vous dire les moins emportés, les plus circonspects de vos adversaires : Vous avez pris un mauvais chemin. Si vous avez cru que vous arracheriez le traité de commerce anglais au moyen de la terreur, des bombes et de l'humiliation, vous vous êtes trompés. Il vous faudra pour cela réduire en cendres la moitié de l'Espagne, parce que l'Espagne ne vend pas son indépendance pour 600 millions. Vous ne trouverez pas un seul député qui, à la lueur de l'incendie de notre plus riche et plus industrieuse cité, à laquelle vous avez vous-même d'ailleurs enseigné l'émeute, voudra souscrire à ce traité déshonorant; tenez-le pour certain. Plutôt périr mille fois que de succomber bassement! Vous pensiez arriver à votre but en faisant figurer dans vos rapports le parti modéré? Misérables! c'était donc pour que tous les gens riches, signalés comme tels, fussent terrifiés par vos menaces? C'était donc pour faire un sépulcre de Barcelone? Magnifique triomphe! nous ne vous l'envions pas! »

II. — Journaux anglais.

Les journaux français attaquant Espartero et l'Angleterre, la presse anglaise s'abandonne contre eux à toute sa violence. Voici, par exemple, ce que dit le *Morning-Hérald* :

Morning-Hérald.

« On dirait vraiment que la presse française, depuis quelques jours, a recruté à Bicêtre et à la Salpêtrière des collaborateurs pour servir sa rage contre l'Angleterre. La folie et la méchanceté de ces attaques ne seraient que méprisables, si elles n'indiquaient pas des dangers à venir pour la paix de l'Europe, une triste prédisposition de l'opinion publique en France. Pour les insensés de la presse française, rien de trop puéril, de trop inconséquent, de trop outrageant, de trop détestable, quand il s'agit de l'Angleterre, qui a tout fait à Barcelone : c'est la folie de la gobe-moucherie portée à son apogée. »

Le *Morning-Herald* affirme que la Cour de France désire vivement précipiter une guerre avec Espartero. Il engage le Régent à ne pas donner dans le piège.

Times.

Le *Times* s'étonne des cris des conservateurs français :

« Nous sommes portés à croire qu'ils ont joué dans les événemens de Barcelone un rôle trop significatif pour oser l'avouer. »

Et là-dessus le *National* ajoute :

« Ainsi voilà le journal tory qui renvoie au gouvernement français l'accusation que les feuilles du ministère avaient lancée d'abord contre le cabinet anglais. Ils se soupçonnent mutuellement de machinations, de trahison et de perfidie : ce qui prouve à quel point ils s'estiment. En vérité, c'est un triste spectacle que les organes de ces deux pouvoirs si puissans donnent au monde. Une insurrection éclate en Espagne ; elle est suivie d'une répression violente, cruelle, odieuse. Aussitôt l'Angleterre s'écrie : C'est la France qui a excité l'insurrection, c'est elle qui l'a encouragée. — Et, de son côté, la France répond : C'est l'Angleterre qui a fourni les bombes et les mortiers à Espartero ; c'est elle qui a voulu exterminer la Catalogne pour ouvrir un marché plus facile à ses cotons. »

Morning-Chronicle.

« La France avait, par l'organe de M. Pageot, menacé de la possibilité d'une guerre si l'Angleterre et l'Autriche ne consentaient pas à faire épouser un Bourbon à la reine d'Espagne et encore un Bourbon qui ne fût pas de la famille de Naples ou de l'Infant. Les gouvernement d'Angleterre et d'Autriche rirent de cette forfanterie. Nous pourrons bientôt, s'il plaît à Dieu, dévoiler et expliquer toute l'histoire de cette révolution de Barcelone et de son origine et nous prouverons aux journaux libéraux de France qu'en la soutenant, ils prêtent leur appui aux machinations les plus basses et aux menées liberticides de la cour de France et de celle de Bourges.

» Nous devons aujourd'hui nous borner à raconter un épisode du drame qui n'a pas été joué exactement suivant le programme. D'abord, l'insurrection a éclaté plus tôt qu'elle ne devait le faire ; elle ne devait commencer que lorsque le prétendu traité de commerce avec l'Angleterre aurait été signé. Les députés de Barcelone s'étaient rendus à Madrid ; il était convenu qu'aussitôt qu'ils apprendraient la signature du traité. Ils secoueraient de leurs pieds la poussière de Madrid et des cortès, et voleraient à Barcelone arborer le drapeau de l'insurrection. Le colonel Prim, militaire si dévoué au parti de Christine, devait être le chef. L'insurrection a éclaté en son absence.

» A peine Prim sut-il le mouvement commencé qu'il s'empressa de demander ses passeports pour la Catalogne. On les lui refusa. Il partit néanmoins par une route qu'il savait bien ne devoir pas lui être fermée, celle de France. Il se rendit à Bayonne, et, sous le nom d'Oliveiras, alla à Perpignan. Arrêté dans cette ville comme porteur d'un faux passeport, il exposa aux autorités françaises qu'il était l'ennemi du gouvernement espagnol actuel et qu'il désirait se rendre à Barcelone pour le combattre. Les autorités françaises le rendirent sur-le-champ à la liberté. Prim s'empressa d'aller à Port-Vendres chercher une chaloupe pour se faire conduire à Barcelone.

» Deux jours entiers, il en attendit une ; s'il eût pu arriver à temps à Barcelone, la résistance eût été plus longue et plus sérieuse. Désespérant de trouver un navire, le colonel voulut prendre la voie de terre ; il ne rencontra aucun obstacle de la part des autorités françaises, qui connaissaient le but de sa mission. Il arriva le 5 à Figuières ; heureusement il n'y arriva pas plus tôt. Si le colonel Prim ne parvient pas à se rendre auprès de ses amis et protecteurs en France, il sera certainement fusillé, tout député qu'il est. »

(Voyez un autre article du *Morning-Chronicle* réfuté plus bas par le *National*.)

Ainsi, l'organe officiel de Palmerston accuse formellement la Cour de France d'avoir conspiré l'insurrection de Barcelone dans son intérêt et dans celui de Christine. Il promet de le prouver.

Pour nous, la chose est évidente.

Ce que le journal anglais ajoute sur le colonel-député Prim est curieux. Si c'est un Christinos dévoué, il ne sera plus possible de douter que l'insurrection était Christinos, et que les Républicains (dont le 3ᵉᵐᵉ bataillon avait un Prim pour capitaine) n'ont été que des instrumens et des dupes.

On voit aussi par là combien l'impatience peut être funeste au succès d'une conspiration : si le colonel-député s'était trouvé à Barcelone, tout pouvait changer de face; la Catalogne pouvait se soulever ; l'armée pouvait se joindre au Peuple, etc., etc...

On voit encore combien, dans un siège, il importe aux assiégés de prolonger la défense, d'un jour et quelquefois d'une heure, aux assiégeans de précipiter la capitulation.

Morning-Post.

« Espartero a été personnellement blessé dans ses sentimens, sa dignité et ses intérêts par les représentans de la France. Espartero est l'ennemi naturel de tous les Bourbons qui prétendent à la main de la reine Isabelle, parce que tout Bourbon est l'ennemi naturel d'Espartero. Ainsi, Espartero est l'ennemi juré de la France. Il n'a par conséquent pas d'autre politique, pas d'autre but que d'obtenir l'appui et la faveur de l'Angleterre. Un traité entre l'Espagne et l'Angleterre touche à sa conclusion. Il va être signé, et peut-être n'a-t-il pour adversaires que la France et les Catalans rebelles, qui baisent aujourd'hui la verge de fer d'un dictateur justement indigné. Ainsi, ce traité ne rencontre aucun obstacle légitime; et, en le signant, on infligera un juste châtiment aux rebelles, en même temps que l'on rendra un service signalé à la nation. C'est aussi ce qui explique les calomnies dont le gouvernement espagnol et notre consul ont été l'objet de la part de la France à l'occasion des événemens récens de Barcelone. »

III. — Journaux français.

Débats.

Les *Débats* racontent ainsi le bombardement :

« Nous avons enfin des détails sur la catastrophe de Barcelone. Cette belle et industrieuse cité a été impitoyablement bombardée le 3 décembre, depuis onze heures du matin jusqu'à minuit. On y a jeté, pendant treize heures consécutives, plus de huit cents bombes, ce qui fait soixante bombes à l'heure, ou une par minute. Il y a peu d'exemples d'un bombardement aussi actif dans les guerres les plus sérieuses. Et c'est la seconde ville d'Espagne que le régent d'Espagne vient de livrer à une aussi impitoyable exécution ! les dégâts sont immenses, surtout dans le quartier central de San-Jayme, où se trouve l'Hôtel-de-Ville. Beaucoup d'édifices ont été détruits, de nombreux incendies se sont manifestés simultanément dans tous les quartiers.

» A l'heure où notre correspondant nous écrit, le 5, le feu n'était pas encore éteint partout. Trois cents matelots de la station française étaient descendus à terre avec leurs pompes pour aider les malheureux habitants à l'éteindre et à combattre les incendies cachés qui continuaient à se déclarer à la suite du bombardement. Un grand nombre de personnes ont été tuées ou cruellement mutilées. N'est-il pas bien douloureux de penser que ce lamentable désastre pouvait être évité par la plus légère concession, puisque tout le monde se soumettait, et que les chefs de l'émeute quittaient la ville ! Quels titres à la gloire, quelle sécurité pour son pouvoir personnel le régent espère-t-il donc obtenir par cet acte de vengeance impitoyable, déjà traité par toutes les opinions de vandalisme odieux autant qu'impolitique ? Que de haines secrètes ne va-t-il pas développer ! comme le lui disent déjà les journaux de Madrid. Philippe II et le duc d'Albe n'ont jamais traité les villes révoltées de la Flandre comme Espartero, Van Halen et Zurbano viennent de traiter Barcelone.

» Le régent n'a rien voulu accorder au repentir ; il n'a même pas daigné recevoir les députés suppliants. Certes, quand on a vu le noble peuple espagnol élever un de ses concitoyens à la première magistrature, on ne s'attendait pas que ce chef déploierait plus de rigueur et d'orgueil qu'un roi de droit divin. Qui sait même si ce bombardement de treize heures, suspendu comme pour laisser refroidir les mortiers, n'eût pas été repris quelques heures après, sans les nouvelles arrivées au quartier-général annonçant le soulèvement de la Catalogne et la marche des milices qui accouraient au secours de Barcelone ? On nous écrit, en effet, que le colonel Prim, député catalan aux cortès, à qui on avait refusé un passeport à Madrid, était venu se mettre ouvertement à la tête des milices de Figuières et de Girone. Ce premier noyau se grossissait en route ; il menaçait l'armée de siége d'une diversion des plus inquiétantes, en même temps qu'il devait ranimer le courage des assiégés. Mais on ignorait ce mouvement dans la ville, étroitement bloquée par les troupes. A minuit, le régent fait suspendre le feu jusqu'au matin, et envoie demander la soumission.

» Étourdis des premiers désastres du bombardement, et se croyant sans secours, les Barcelonais ont cédé. On les menaçait de reprendre le bombardement à quatre heures du matin.

» Nulle ombre d'amnistie ne leur est présentée. On les traite au contraire comme une ville de pays ennemi dont on se serait emparé après un long siége et une résistance meurtrière. On frappe cette malheureuse ville d'une contribution de deux millions de douros (10 millions de francs) ! En vertu d'un *bando* ou décret du général Van Halen, la ville est déclarée en état de siége et soumise aux juridictions exceptionnelles. Quiconque n'aura pas remis ses armes dans le délai de vingt-quatre heures, ceux qui garderaient une arme quelconque seront fusillés aussitôt ; une récompense de 2,500 francs est promise à celui qui dénoncera le détenteur d'une arme, et cette prime sera payée sur les biens du dénoncé. Le gouvernement ne promet rien pour son compte en fait d'oubli et de pardon, mais ce même *bando* se termine en invitant les habitans de Barcelone à oublier le passé et à s'embrasser comme frères. On voit qu'il n'y a là rien de rassurant pour personne, même après que les chefs de l'insurrection se sont rendu justice en prenant la fuite, et que tout habitant peut craindre d'être recherché comme complice des chefs. Espérons que les désastres du bombardement suffiront à la punition de Barcelone, et que l'humanité n'aura pas à gémir de rigueurs dont l'insurrection elle-même s'est abstenue pendant son règne très agité, mais en définitive pur d'excès. »

Ecoutez les *Débats* accuser l'ingratitude et la barbarie d'Espartero :

Cris des Débats contre Espartero.

« Les nouvelles qu'on a reçues ce soir de Barcelone sont déplorables; il paraît que la terreur règne dans cette ville depuis l'entrée des troupes du régent. Dès le surlendemain on faisait déjà des arrestations et l'on fusillait. Les chefs, les officiers des corps francs et tous les moteurs de l'insurrection se sont mis, comme on sait, à l'abri sur nos bâtimens, et sont même déjà réfugiés en France au nombre de plus de trois cents. Ce sont les trois cents têtes que demandait le général gouverneur de Madrid dans son discours aux Cortès. Ainsi les principaux coupables se sont soustraits aux poursuites du gouvernement, et tout homme qui se sentait trop compromis a pu fuir avec eux. Il n'est donc resté que cette tourbe de séditieux que tous les gouvernemens ont coutume d'amnistier à la suite des désordres de ce genre, surtout quand ils ne se sont livrés ni au meurtre ni au pillage, et c'est le cas des miliciens de Barcelone. Mais on veut des victimes, des exécutions, un grand retentissement politique.

» Le chef politique a publié une proclamation dans laquelle on est tout étonné de rencontrer des injures contre l'ex-régente, à l'occasion d'une révolte si ouvertement républicaine. Dans cette pièce, on feint d'attribuer tout au parti modéré, que l'on présente comme celui de la reine Christine. Aux *vertus* et au *désintéressement de l'invincible* duc régent, on oppose *les vices et l'ambition* de Christine! Qui ne sait que l'insurrection a eu pour motif l'orgueil des généraux, les vexations du régime militaire, les brutalités despotiques de Zurbano, et surtout les appréhensions de l'industrie catalane dont l'existence est si vivement menacée par l'introduction projetée des marchandises anglaises.

» Cette même pièce offre encore un passage qui contraste d'une façon bien étrange avec le bombardement, les commissions militaires, les contributions de guerre et toutes les rigueurs extra-légales qui viennent de s'appesantir sur Barcelone; c'est celui où le régent est loué d'avoir su oublier les habitudes du commandement militaire pour se soumettre aux formes qu'impose la loi constitutionnelle. Certes, un pareil éloge d'Espartero n'est pas moins déplacé dans la circonstance que les injures adressées à la reine Christine.

» On devait d'autant plus éviter d'injurier l'ex-régente en cette occasion, et même de prononcer son nom, que cette même population de Barcelone, si rudement châtiée par Espartero, est celle-là même qui l'a fait régent en se révoltant contre la reine. *La révolte alors lui parut chose éminemment juste et patriotique; car il la la ssa se consommer sous ses yeux,* quoiqu'il disposât d'une armée, comme à présent, pour la réduire s'il l'eût voulu. Aujourd'hui cette même ville réclame contre le despotisme des chefs militaires, contre des tarifs ruineux dont on menace les manufactures nationales; elle se révolte enfin, comme alors, contre le pouvoir dont elle se croit opprimée ; et *c'est le même homme* qui la bombarde, qui la décime, et qui la ruine sans pitié pour ses supplications, sans souvenir de reconnaissance pour la dignité suprême qu'il lui doit.

» Le sang n'avait pas coulé dans Barcelone pendant les vingt-deux jours de l'insurrection, malgré l'exaltation révolutionnaire des principes qu'on proclamait, et malgré l'anarchie qui laissait un si libre cours aux haines politiques. C'est l'autorité militaire qui vient ensanglanter inutilement aujourd'hui une ville fumante encore des désastres du bombardement. On ne peut atteindre les chefs, on prend dans la foule. Deux cents miliciens soldés, ouvriers pour la plupart, sont arrêtés ; plusieurs ont été déjà fusillés, nous en ignorons le nombre. On ne sait plus où s'arrêteront ces vengeances militaires.

» Un terrible *bando* du général Van Halen menace la tête de tous les employés de l'état et les officiers de l'armée en activité de service ou non qui ont continué d'habiter Barcelone pendant le règne de la révolte. Ils seront tous jugés par une commission militaire, devant laquelle ils devront se présenter d'eux-mêmes, sous peine d'être fusillés; toute personne qui leur donnerait asile dans sa maison sera fusillée. La junte révolutionnaire, il faut lui rendre cette justice, n'avait dans ses publications si véhémentes prononcé la peine de mort que contre les voleurs et les meurtriers. »

Que de reproches pour Espartero ! Que peut-on dire de plus fort en réalité contre lui ?

Revue des Deux-Mondes.

Cette feuille, inspirée par le Ministère, blâme d'avance le bombardement en ces termes :

« Si les Catalans, malgré l'infériorité de leurs forces et les désavantages de la position, résistent quelque temps, s'ils ne succombent que sous des attaques réitérées, violentes, meurtrières ; si le vainqueur ne parvient à planter son drapeau que sur des ruines et des monceaux de cadavres, et plus encore, s'il avait le malheur d'appeler à son aide l'étranger, Espartero, malgré sa victoire, se trouverait moralement affaibli, et son retour à Madrid ne serait peut-être pas une ovation. Les plaies de la Catalogne saigneraient long-temps dans le souvenir des Espagnols. On se dirait que l'usurpation de cet homme a coûté trop cher au pays. On se demanderait s'il fallait ravager une des provinces les plus riches, une des villes les plus florissantes de l'Espagne, pour maintenir aux affaires le protégé de l'étranger, l'homme de l'Angleterre. L'esprit de parti, s'emparerait de ces circonstances, et il aurait prise sur le sentiment national. La situation du régent serait des plus difficiles. Que faire ensuite avec des cortès peu bienveillantes, avec des finances de plus en plus délabrées, avec une armée victorieuse et mal payée ? Comblerait-il les vides du trésor par un emprunt déguisant un traité commercial ? Oserait-il signer ce fameux traité qui seul rend possible l'emprunt ? Les accusations redoubleraient de violence. Espartero se trouverait dans l'alternative de perdre l'adhésion du pays ou l'appui de l'Angleterre ?.....

» Une lutte prolongée, une issue trop sanglante, pourraient avoir un fâcheux contre-coup à Madrid. La représentation nationale grandirait de tout l'abaissement moral d'Espartero. Et si quelques esprits téméraires pouvaient s'aveugler au point d'insinuer au régent la pensée d'un coup d'état, nous croyons qu'il aurait le bon sens de leur répondre que le général Espartero n'a pas conquis l'Italie et gagné la bataille des Pyramides. »

Le Globe.

« La seconde pensée qui vient, c'est de féliciter le régent d'Espagne de la fermeté nécessaire qu'il ne cesse de montrer pour le maintien des lois et du gouvernement de la reine Isabelle II. Certes, le bombardement d'une ville, surtout d'une grande ville, est quelque chose d'affreux et qu'on ne saurait assez déplorer ; il n'est pas permis de douter que le cœur du régent n'ait saigné, au moment où il a donné l'ordre de commencer le feu. On ne se détermine pas à de si effroyables extrémités sans que tout honnête homme en souffre dans son âme ; et les longs délais que le duc de la Victoire a accordés aux insurgés prouvent suffisamment qu'il regrettait sa sévérité ; mais, quand on est chef du gouvernement d'un pays, on a quelquefois des devoirs bien cruels à remplir. »

Et c'est le *Globe*, appartenant notoirement au ministre Guizot et au préfet de police, qui parle ainsi !

Entendons-le bien, Parisiens ! Le bombardement de Barcelone était un *devoir* pour Espartero, dans les circonstances que nous connaissons. Si jamais les mêmes circonstances se présentaient à Paris, la même unanimité, une unanimité plus complète, ce serait un *devoir* pour des Van Halen, des Zurbano, des Guttierez, des Espartero, de le bombarder de même et davantage encore !... Ce devoir serait cruel ; les Zurbano, les Van Halen, etc., etc., auraient l'âme déchirée... : mais ce serait un *devoir* de bombarder, et ils bombarderaient ! ! !

Mais le *Globe* déclare formellement que Charles X aurait bien fait de bombarder Paris. Ecoutez-le :

« Sans aller si loin dans notre histoire, est-ce que les troupes de Charles X n'ont pas tiré l'épée en 1830 ? Est-ce que le canon n'a pas fait brèche dans les rangs des insurgés ? Certes, s'il y avait eu à Paris un fort de Mont-Jouy, les troupes de Charles X en auraient profité, et nous déclarons qu'*elles auraient bien fait.* »

Sur ces incroyables paroles d'un organe ministériel, la *Phalange* s'écrie :

« Si Charles X avait eu des forteresses sous sa main, *il aurait bien fait* de bombarder et d'incendier Paris ! N'est-ce pas là faire planer sur la capitale la menace du traitement de Barcelone ? »

Oui, l'organe de M. Guizot déclare que si Paris unanime s'insurgeait jamais contre un nouveau Polignac, un nouveau Bourmont, un nouveau Charles X, Paris serait bombardé comme Barcelone ! ! !

Le *Globe* ajoute encore :

« La résolution tardive des bourgeois de Barcelone devrait servir de leçon aux conservateurs de tous les pays. Si les hommes d'ordre voulaient être des hommes de fermeté, ils tiendraient en échec les hommes de désordre, qui sont partout en minorité. Quand les bourgeois barcelonais ont voulu désarmer les émeutiers et se rendre ainsi maîtres de la ville, ils l'ont fait. Le malheur est qu'ils l'ai nt fait si tard. »

Mais la *Phalange* répond au *Globe* :

« Ces théories de l'immolation en masse, cet appel barbare à la violence pour résoudre les questions politiques, tout cela est indigne de la France, et prouve combien certains suppôts du journalisme nous avilissent et nous déshonorent. Que dira l'Europe en voyant que les procédés de boucher d'Espartero, de Zurbano et de Van Halen ont trouvé des théoriciens et des apologistes de ce côté-ci des Pyrénées ? Et ces théories exécrables, on ose, par une analogie offensante et maladroite, en prévoir l'application possible à la capitale du monde civilisé ! Insensés ! qui, au lieu de chercher les conditions et de poser les fondemens d'une Société supérieure à la civilisation actuelle, nous rejettent dans la période barbare, et qui ne voient pas qu'en ouvrant ainsi carrière a la force brutale, ils exposent la Société actuelle à un cataclysme où ils périraient les premiers ! »

La Phalange.

« La nouvelle du bombardement de Barcelone n'est que trop certaine aujourd'hui. Cette grande cité a été exécutée militairement par trois ou quatre bourreaux qui prétendent gouverner, et qui ne savent résoudre les questions politiques et industrielles qu'à la lueur homicide des bombes et des boulets rouges. L'incendie et la mort, voilà les seuls argumens que ces bouchers, indignes de porter des épaulettes, ont su employer pour ramener des concitoyens qui ne demandaient qu'à traiter et à se rendre. C'est là un acte de barbarie qui retentira en Europe, et qui inspirera aux peuples l'horreur du despotisme militaire. Cette exécution en masse, qui frappe indistinctement les femmes, les enfans et les vieillards ; cet incendie qui détruit les trésors de l'industrie, de la science et des arts, en un mot, cette solidarité dans la vengeance, qui punit dans une population tout entière les torts d'une poignée d'individus ; tout cela est digne des époques les plus barbares, et mérite d'être voué à l'exécration du monde civilisé. »

La proclamation de Van Halen (page 39), inspire à la *Phalange* ces réflexions :

« C'est toujours, comme on voit, la même solidarité brutale ; c'est toujours la mort et la confiscation planant en masse sur la tête des habitans. Mais ce qu'il y a de plus grotesquement odieux, c'est qu'après avoir établi un pareil régime de délation et de terreur ; après avoir brisé ainsi tous les liens sociaux, Van Halen ordonne aux troupes et aux habitans d'oublier le passé et de s'embrasser comme des frères. Et pour donner l'exemple de l'oubli du passé, le brigand fait couler le sang ! Ils devron s'embrasser comme des frères, s'écrie Van Halen, de cette même voix qui ordonne les fusillades. Oh ! que cette expression est bien digne de la Babel intellectuelle et politique où s'agitent les peuples depuis cinquantes années.

» Nouvel et étrange exemple de la perversion des idées et du langage humain ! Impies, vous dénaturez les plus beaux sentimens du christianisme ! Bourreaux, vous souillez de sang ces sublimes formules de la fraternité ! Eh quoi ! vous venez d'assassiner une ville qui demandait à se rendre ; vous venez de lancer l'incendie et la mort jusque dans le foyer domestique ; vous venez de joncher le sol de cette malheureuse cité de ruines et de cadavres ; et vous osez ensuite enjoindre à ses habitans d'avoir pour vos mains homicides une étreinte fraterelle ! vous les avez froidement et lâchement décimés du haut de votre forteresse où vous n'aviez aucun danger à courir ; vous les fusillez ensuite sans aucune forme de procès ; et vous voulez qu'ils vous embrassent comme des frères !.... »

Le Siècle.

Dans son numéro du **23** novembre, après avoir rendu compte de l'insurrection, le *Siècle* ajoute :

« Il est probable que tous les partis et tous les mécontens se sont unis, à Barcelone, pour engager la lutte. Ils ne tarderont pas, selon l'usage, à se diviser après la victoire. »

Le 4 décembre, sachant qu'Espartero marche sur Barcelone, il dit :

« Les auteurs de l'insurrection de Barcelone ont cherché un refuge à l'étranger ; les coups de la justice ne pourraient donc plus atteindre que d'obscurs instrumens. Il s'en suivrait une réaction dans l'opinion publique contre le régent. En politique, on peut frapper les chefs ; quant aux masses, il faut savoir les gagner ; le pouvoir n'est fort qu'à ce prix. »

Le 7, en rapportant le refus d'Espartero d'accepter la soumission aux conditions proposées par la junte, il ajoute encore :

« Alors les récriminations ont recommencé, et l'on a fait appel aux résolutions les plus violentes. Certainement les insurgés se seraient défendus s'ils avaient eu un nom à mettre en avant ; mais personne n'aurait osé prononcer celui de Marie-Christine ou de don Carlos, et l'immense majorité des insurgés était convaincue que le nom de la république n'éveillerait aucun écho en Espagne....

» Maintenant va commencer pour le régent l'épreuve la plus difficile. Comment usera-t-il de la victoire ? Nous espérons que par leur langage sans pudeur, les journaux anglais auront désillé les yeux d'Espartero et qu'il ne profitera pas, comme le lui conseille la presse de Londres, des événemens de Barcelone pour conclure un traité de commerce avec l'Angleterre.... »

Le 9, aux premières nouvelles du bombardement, partageant l'indignation générale, il s'écrie :

« Poussée par le désespoir et sans doute par un sentiment d'honneur qu'ont exalté les menaces, Barcelone s'est mis en état de résister... Le signal de résistance paraît avoir été entendu dans les villes voisines : de tous côtés la population se soulève, entraînée par un mouvement de sympathie pour la grande cité industrielle de la Catalogne, d'indignation contre Espartero et contre les Anglais, auxquels on le croit asservi. Sa position devient très critique, si la résistance se soutient quelques jours et gagne de proche en proche. Fût-il vainqueur, le bombardement de Barcelone portera malheur au régent. C'était assez du sang inutilement versé de Diégo Léon ; celui qui va couler laissera une souillure ineffaçable sur un pouvoir qui ne s'est pas senti assez fort pour être généreux, mais qui n'est pas assez ancien ni assez affermi pour se passer de la clémence. »

Le 13, il continue de manifester son indignation contre la conduite du gouvernement espagnol en ces termes :

« Nous continuons d'interroger tous les récits du bombardement de Barcelone, sans que rien puisse expliquer à nos yeux cet acte insensé du régent, sans que rien puisse rendre compte des maisons incendiées, des archives publiques détruites, de la désolation et de la terreur planant avec la mort sur la population de la seconde ville du royaume.

Nous voyons bien dans la plupart des récits que la masse de la population était disposée à capituler, et qu'un petit nombre d'hommes résolus à soutenir une lutte désespérée ont attiré sur Barcelone les calamités dont elle a souffert; mais plus on montre ces individus abandonnés, isolés, impuissans, plus on a de peine à justifier la brutale violence dont les citoyens inoffensifs ont été victimes.

» Après le bombardement, arrivent l'état de siége, les commissions militaires en permanence, les primes à la délation, les arrestations de suspects, les fusillades sommaires !... »

Le 15, examinant la question de complicité étrangère, et répondant à la presse ministérielle de Madrid, il dit :

« Les journaux ministériels excitent le régent à des entreprises inconstitutionnelles au moment où il serait le plus nécessaire de rappeler à la modération un pouvoir qui s'enivre de sa force. L'habileté ordinaire des Anglais leur fait ici défaut. . . . .

» L'Angleterre flatte le régent et excite le gouvernement à désarmer la Catalogne afin de faire disparaître l'obstacle qui jusqu'à présent s'est opposé à la conclusion du traité anglais.—Que le sang ruisse le, que les villes s'écroulent sous le feu, que l'unité nationale de l'Espagne, à peine cimentée, se brise par l'effort des haines provinciales, peu importe, pourvu que nos cotons soient admis et que l'Espagne, réduite à la vassalité comme le Portugal, ne puisse jamais relever son pavillon ! Heureusement, ce calcul est trop grossier pour que les Espagnols s'y laissent prendre; l'Angleterre s'est démasquée; elle est connue maintenant de ceux qu'elle pouvait encore tromper, et s'il lui reste quelques chances dans la Péninsule, nul doute que l'Angleterre ne les doive aux fautes qu'a déjà commises et que va commettre de nouveau, nous le craignons, le cabinet français. »

Le 17, continuant sa polémique avec la presse anglaise, le *Siècle* lui répond :

« Les journaux de Londres se sont imposé aujourd'hui la double tâche de *justifier le bombardement* et de *démontrer la complicité* du consul de France dans l'émeute de Barcelone.

» La première de ces propositions repose sur la supposition que le gouvernement espagnol ne pouvait attendre un jour de plus sans s'exposer à voir *toute la Catalogne* en armes venir au secours de sa capitale. — Mais quand même cela serait vrai, le cabinet ne se trouverait justifié ni devant le peuple espagnol, ni devant l'Europe......

» Le gouvernement espagnol n'a pas dû se croire autorisé à agir dans Barcelone comme les Anglais en Chine, où ils ont brûlé, pillé, massacré, s'excusant de toutes ces horreurs sur leur faiblesse numérique, qui les obligeait à frapper l'ennemi de terreur.

» L'accusation portée contre notre consul n'est ni plus loyale ni mieux assise. »

Puis, après avoir réfuté les divers journaux anglais, il arrive au *Morning-Chronicle*, et dit :

« Le *Chronicle* avance à la charge de M. Lesseps des faits qui doivent être repoussés comme des calomnies absurdes. Il dit que c'est le consul de France qui a déterminé les soldats demeurés maîtres des forts intérieurs à capituler, en répandant la *fausse nouvelle* que toute la Catalogne était insurgée et toute défense sans espérance de succès. Par conséquent, ajoute le *Chronicle*, le consul français a contribué à rendre le bombardement inévitable, et c'est sur la tête, *ou plutôt sur la langue* de cet agent que doivent retomber toutes les horreurs dont Barcelone a été la victime. »

Mais le *Siècle* répond que les soldats étaient obligés de capituler parce qu'ils n'avaient plus de vivres, et qu'en admettant que le consul ait employé son crédit pour amener une capitulation, il n'aurait fait qu'éviter une inutile effusion de sang.

Et fin, flétrissant toujours les odieux excès de vengeance dont l'infortuné Barcelone a été victime, il dit encore (16 décembre) :

« Les désastres de Barcelone sont, du reste, au dessus de ce qu'on avait présumé d'abord : cent habitans inoffensifs ont été tués, un assez grand nombre de blessés ; les archives sont perdues, plusieurs édifices écrasés ; des magasins en grand nombre ont été incendiés, et pour hâter le terme de ces horreurs, il a fallu qu'une partie de la population prît les armes contre l'autre. Le troisième bataillon des insurgés a engagé la fusillade contre les autres bataillons qui voulaient capituler, et c'est à la faveur de ce conflit que quelques habitans ont ouvert la porte de Mer et la porte Saint-Antoine. Van Halen, pour augmenter le nombre des victimes, voulait, assure-t-on, que les habitans du faubourg de Barcelonette, qui s'étaient soumis, tirassent sur les insurgés au moment où ils chercheraient à gagner les vaisseaux français.

» A ces scènes atroces ont succédé l'état de siége, les fusillades, les confiscations d'armes et les amendes. Ce n'est point là de la politique, c'est de la fureur. On dit, et d'après ce qui s'est passé nous n'avons pas de peine à le croire, que le général qui se venge de n'avoir su se défendre dans la ville dont la garde lui était confiée, que Van Halen a décrété la peine de mort contre tous les Barcelonais qui ne seraient pas rentrés dans leurs domiciles sous trois jours. »

Ainsi, le *Siècle* blâme hautement le bombardement, Espartero et les Anglais.

Le Commerce.

Les premières bombes lancées du fort Mont-Jouy, le 18 novembre, inspirent au *Commerce* (24 novembre) les réflexions suivantes :

« Lorsque nous avons signalé les dangers que les fortifications de Paris feraient courir, soit que le gouvernement voulût s'en servir pour comprimer un mouvement populaire, soit qu'elles tombassent entre les mains d'un parti, on nous a répondu que rien de pareil n'était à craindre.

« Récapitulons cependant. En septembre dernier, les Christinos s'emparent par un coup de main de la citadelle de Pampelune et s'en servent pour bombarder la ville. Un an plus tard, Barcelone se révolte, et le Mont-Jouy, véritable fort détaché, bombarde Barcelone avec le concours de la citadelle, quoique, pour le dire en passant, elle ait été démantelée du côté de la ville, ce qui en a fait comme un fragment d'enceinte continue.

» On voit que les faits se sont promptement chargés de justifier nos prévisions. Nous ne parlons pas des forts de Lyon, qui cependant ont fait leur office en 1834. »

Le 12 décembre, après le grand bombardement, il ajoute :

« C'est donc à la France, aux chambres et aux Parisiens à méditer sur l'exemple qu'ils ont sous les yeux. Les pouvoirs se succèdent : les *bastilles* sont immuables. Elles appartiennent un jour aux gouvernemens modérés, elles tombent le lendemain dans des mains violentes ou faibles, et rien comme la faiblesse n'est près de la violence. Lorsque nous aurons autour de Paris quatorze forts détachés dont plusieurs peuvent couvrir la capitale de fer et de feu, lorsque les remparts de l'enceinte continue seront gardés par huit casernes fortifiées et isolées, faisant face à la ville, lorsque cet ensemble d'ouvrages gigantesques sera couronné de seize cents pièces de canon, que faudra-t-il pour voir se renouveler à Paris les scènes de Barcelone? Quelles vicissitudes, quels gouvernemens nous réserve l'avenir? Et ne devons-nous pas frémir en pensant que dans une circonstance donnée, il ne faudra pour la destruction de Paris que des hommes comme ceux qui en Espagne ont entraîné Espartero? »

Le 13, son indignation s'exhale ainsi :

« Les nouvelles arrivées aujourd'hui de Barcelone sont hideuses; elles mettent Van Halen au niveau de Zurbano. La malheureuse Barcelone est livrée à la terreur et au despotisme du sabre. Il n'existe plus pour elle de lois.

» Le régent la livre aux fureurs d'un soldat que la colère et le souvenir de sa défaite emportent hors de toute mesure. Nous nous indignions hier du *bando* immoral et cruel qui avait suivi la rentrée du général espagnol dans la ville incendiée. Que devons-nous faire aujourd'hui en présence des exécutions commencées, non plus contre des chefs, mais contre les simples soldats qui ont pris une part à la révolte? Deux cents personnes arrêtées dès à présent ne suffisent pas aux vengeances d'un pouvoir tout enivré de sa colère. Par un décret encore plus odieux que le premier, il exige que toute une catégorie de coupables ou de prévenus vienne se livrer au jugement d'une commission militaire, et celui d'entre eux qui n'ira pas se consigner lui-même dans les prisons du gouvernement sera puni pour ce crime passé par les armes. Jamais les sanguinaires folies de la brutalité militaire n'allèrent plus loin. Elle ne se contente plus de substituer ses violences et ses volontés aux lois écrites du pays; elle prétend commander à la nature humaine le sacrifice de ses plus invincibles instincts, et le décret dit tout simplement aux employés : « Je vous ordonne de venir vous faire condamner à mort sous peine de mort. » On ne sait qui l'emporte, ou de l'atroce ou de l'absurde.

» Ce n'est pas tout : la peine de mort, car le glaive du bourreau brille dans chaque article de cette pièce, la peine de mort est prononcée contre tout individu qui fournirait un refuge à ces proscrits. Les pères ne pourront point donner asile à leurs enfans, et les frères aux frères. Qu'on ne croie pas que nous exagérons; c'est ainsi que les commissions militaires en Espagne interprètent ces impitoyables décrets. Ce n'est point une exagération, nous en avons vu de nos yeux un exemple. En traversant une ville de cette même Catalogne, pendant la dernière guerre civile, l'écrivain de cet article a vu un père marcher au supplice au milieu de ses deux fils. Il avait été condamné pour les avoir cachés aux recherches des troupes qui les poursuivaient. « Oui, s'écria-t-il devant la commission, j'avoue mon crime et je m'en glorifie ! Si vos lois défendent à un père d'ouvrir la porte de sa maison à ses enfans toutes les fois qu'ils y viennent frapper, vos lois sont odieuses et impies, et je ne les reconnais pas. » La commission, dominée par la lettre des ordonnances, le condamna en gémissant. Ces trois infortunés moururent comme des héros.

» La ville de Barcelone est-elle destinée à voir se renouveler de semblables horreurs ? Nous ne pouvons le penser. Mais quand un simple général, investi de la dictature, uniquement par la force, ressuscite ces ordres qu'on devait croire à jamais rayés de la jurisprudence d'un gouvernement constitutionnel, il n'y a plus ni parti ni excuse ; tous les amis de la civilisation et de l'humanité doivent protester contre ces actes de férocité et de tyrannie. Et comme si l'insulte devait ici se mêler à la cruauté, le chef politique, dans une autre proclamation, déclare aux Barcelonais que leur mouvement avait fini par tomber dans le ridicule. Eh quoi ! la mort à chaque pas, à chaque mot pour punir le ridicule !

» Nous ne sommes point partisans de la révolte. Nous la regardons comme l'ennemie la plus mortelle de tous les droits, de toutes les libertés, et si les réactions produites en France par nos fatales émeutes n'étaient point pour nous une lumière suffisante, les excès de pouvoir et de déraison issus de l'insurrection de Barcelone seraient bien propres à nous dégoûter à jamais de ces pétitions insensées de la violence et de la guerre ! Mais, pour s'être révoltée, une ville n'appartient pas discrétionnairement corps et biens à celui qui l'a soumise. Il y a des lois qui ont prévu et puni le cas d'insurrection. Il y a des formes qui protégent même les criminels les plus odieux. Il est un cercle de légalité et surtout d'humanité que les gouvernemens ne peuvent franchir sans se livrer eux-mêmes à tous les reproches, à toute l'aversion qu'ils veulent faire peser sur la tête de leurs ennemis. Van Halen, en se plaçant au dessus de toutes les lois divines et humaines, attire sur sa personne et sur son caractère une immense et retentissante responsabilité. Où est Espartero ? Que fait-il ? on l'ignore. Est-il retourné dans Madrid de crainte de céder à la clémence et aux pleurs d'une population décimée ? S'est-il éloigné pour laisser la carrière libre au digne émule de Zurbano. Les journaux catalans semblent démentir ce bruit. Dans tous les cas, son gouvernement et son nom sont solidaires de tout ce qui se fait à Barcelone. Tout le sang qu'il a glorieusement versé sur le champ de bataille s'effacerait sous celui qu'il ferait répandre sur l'échafaud par ses deux suppléans. Nos nouvelles de Madrid nous apprennent qu'il est question de remplacer le général Van Halen par le général Seoane. Les heures sont précieuses, et il faut se hâter, car si le régent ne désavoue par un éclatant rappel le proscripteur barcelonais, c'en est fait en Europe de sa considération et de sa gloire ; elle ne verra plus dans ses mains qu'un glaive que l'Angleterre dirige non contre les insurgés, mais contre des concurrens. »

Le 18, s'adressant aux journaux ministériels, il leur dit :

« Vous vous élevez avec force contre le bombardement d'une ville aussi riche, aussi commerçante que Barcelone ; vous énumérez les désastres qui en sont résultés, la destruction des archives, du bureau des hypothèques, des maisons particulières et des ateliers ; vous ajoutez, pour couronner ce tableau lugubre, que l'hôpital lui-même n'a pas été épargné. Et vous avez raison : tout cela est horrible, tout cela est abo-

minable, et il n'y a pas d'homme bonnête qui ne se révolte à l'idée de
cette cité florissante détruite et ruinée par le gouvernement même dont
le devoir était de la défendre et de la protéger. Mais n'avons-nous pas
droit de nous étonner de vous trouver si sensibles au sort de Barcelone ? Qui donc a ordonné le bombardement de notre belle ville de
Lyon ? Est-ce que les canons de Fourvières étaient moins terribles que
ceux du fort Mont-Jouy ? Est-ce qu'ils ne semaient pas comme eux la
mort et la destruction ? Les ruines de Lyon méritaient autant de larmes que
celles de Barcelone ; et cependant votre œil est resté sec, et vous n'avez
ouvert la bouche que pour demander de nouveaux moyens de répression,
des restrictions nouvelles contre nos libertés.

» Vous faites ressortir tout ce qu'il y a de répugnant, de contraire à
la civilisation dans les primes promises aux dénonciateurs. Nous parta-
geons tous les sentimens que vous exprimez. La délation nous inspire à
la fois du dégoût et de l'horreur ; on ne peut y faire appel sans blesser la
conscience publique, qui n'a qu'une voix pour les flétrir. Mais vous êtes-
vous montrés si scrupuleux lorsque vous avez exhumé cette ordonnance
immorale qui enjoignait aux médecins d'aller eux-mêmes dénoncer
leurs malades à l'autorité qui les poursuivait ? C'était bien pis vraiment,
car vous vouliez transformer en délateurs des hommes revêtus d'une
mission de confiance et d'humanité.

» Nous voulons croire que vous éprouvez réellement les sentimens
que vous exprimez au sujet des exécutions militaires qui auraient lieu,
dit-on à Barcelonne. Mais il faudrait cependant vous rappeler que vous
avez décrété vous-mêmes la mise de Paris en état de siége, que vous y
avez installé des conseils de guerre, qu'ils ont prononcé plusieurs con-
damnations à mort, et qu'il est fort heureux pour les condamnés que la
cour de cassation soit venue à leur secours.

» Enfin, et ceci est plus grave, vous dites que le mouvement de Barcelone était prévu et désiré par le régent. Vous ajoutez qu'il a été encouragé. Les autorités laissaient un libre cours à la turbulence de la
milice, le journal républicain faisait un appel quotidien à la révolution,
et, le jour du combat, les généraux ont favorisé eux-mêmes le mouvement révolutionnaire en se retirant de la ville sans y être contraints. Le
soulèvement, dites-vous en terminant, était nécessaire pour dompter
d'avance la Catalogne et lui faire subir les nouveaux tarifs. Certes nous
attendrons de nouveaux éclaircissemens avant de croire au plan machiavélique que vous prêtez à Espartero. Mais vous convenez donc qu'il y a
des gouvernemens provocateurs, qu'il y a des hommes d'état dont la politique consiste à pousser au désordre afin de l'exploiter ensuite au profit de leurs passions et de leurs intérêts. Et cependant vous nous traitiez
de visionnaires, quand nous pensions naguère trouver la cause de troubles et d'émeutes, trop souvent renouvelés, dans la politique de ceux-
là même auxquels ils profitaient. Si vous accusez Espartero d'avoir employé de semblables moyens, pourquoi ne porterions-nous pas la même
accusation contre vous, qui aviez sans cesse besoin de retremper votre
autorité dans une répression violente, et qui saviez trouver dans chaque
émeute une occasion nouvelle de développer votre système de réaction
contre nos libertés ? »

On le voit, il n'est pas possible d'être plus énergique que le *Com*
merce contre les Bastilles et les embastillemens

Le National.

A la première nouvelle de l'insurrection, il s'écrie (numéro du 19 novembre) :

« Il y a de quoi faire tressaillir de joie Christine et ses amis. Ils ont poussé tant qu'ils ont pu au désordre. Il éclate : ils doivent être contens. Cependant, qu'ils ne se hâtent pas trop de triompher, car le résultat de la lutte pourrait bien n'être pas pour eux. »

Le lendemain, quand il sait l'insurrection victorieuse, il semble hésiter à renouveler ces assertions et dit aux patriotes de Madrid (numéro du 20 novembre) que :

« Si l'insurrection annonce l'organisation de la *République fédérative* à laquelle le pouvoir actuel devait tôt ou tard aboutir, il vaudrait mieux se mettre à la tête du mouvement que de le combattre, et répondre avec énergie aux instincts du peuple qui le poussent vers la seule forme de gouvernement qui garantisse son indépendance, ses libertés et sa nationalité. »

Puis, dans son numéro du 22 novembre, répondant à la *Presse* qui, la veille, calomniait à la fois Espartero et les Républicains, il repousse pour ces derniers la responsabilité de l'insurrection et en accuse de nouveau les Christinos.

Enfin, dans ses numéros des 23, 24, 25 et 26, il attribue le soulèvement à des causes purement accidentelles, au despotisme des autorités, du chef politique, aux procédés féroces de Zurbano, qu'il qualifie plus tard de « bête fauve à tête hideuse. »

Cependant, le 1er décembre, il affirme toujours :

« qu'Espartero, représentant avoué de la révolution de septembre, réunit autour de lui les vœux d'une immense majorité, et que, *pour le moment*, rien n'est encore possible et viable en dehors de lui. »

Le 6 même, il conçoit l'espérance :

« qu'Espartero saura s'élever à cette impartialité qui est dans le devoir du chef d'un état... ; qu'en montrant de la clémence, il servira tout à la fois l'humanité et la politique. »

Le 8 encore, en parlant de l'insolente proclamation de Van Halen, dans laquelle il se livre à tant de diatribes absurdes contre les républicains, il ajoute :

« Que le régent saura, sans doute, faire la part de ces rancunes assez peu honorables, et que ce sera à la justice d'examiner si MM. Van Halen, Gutierrez et Zurbano n'ont pas commis des actes arbitraires qui ont provoqué la résistance et soulevé la population. »

Mais le 10, à la première nouvelle du bombardement, qui lui prouve qu'il n'a pas été clairvoyant dans ses conjectures, changeant tout à coup d'opinion sur Espartero, il s'écrie :

« Nous avions espéré que la modération et la prudence prévaudraient sur les rancunes de la soldatesque. Il n'en est rien ; et l'on a l'infâme sottise d'incendier une ville, d'irriter, d'exaspérer, de pousser à bout une population entière. Le régent n'a eu ni assez de hauteur, ni assez de force d'esprit pour s'élever à l'impartialité du chef d'un état. Il donne raison à ses généraux ; il traite le peuple catalan en ennemi ! Nous ignorons quel sera le résultat de cette dernière lutte, la plus atroce de toutes. Quel qu'il soit, ce bombardement demeurera comme un acte de vandalisme féroce, comme une violence indigne de notre siècle, et qui fera peser sur la tête de ses auteurs une responsabilité terrible. »

« Une victoire achetée à ce prix est plus honteuse qu'une défaite. *Tous les régens du monde ne valent pas une goutte d'un sang généreux* ; et si les peuples qui proclament leur souveraineté et leur indépendance doivent avoir pour conducteurs des hommes qui ne savent commander que le sabre à la main, qui ne savent imposer l'obéissance qu'à l'aide de la mitraille, autant vaudrait s'en tenir au *rey netto* (Roi absolu), si stupide qu'il soit. »

Et continuant à laisser éclater son indignation, il dit plus tard (1 décembre) :

« On aurait salué avec acclamations le Régent qui aurait su vaincre et pacifier, comme il le pouvait, sans violences et sans faiblesse ; il y aura une réaction formidable contre une victoire achetée avec la bombe et l'incendie. Cette réaction deviendra plus vive encore quand on saura tous les conseils d'extermination que l'Angleterre a fait entendre, et quand on apprendra que les canons d'un vaisseau anglais ont été transportés à Mont-Jouy pour aider Van Halen dans son œuvre de destruction. A quelque point de vue qu'on se place, les conséquences de cet événement sont immenses ; Espartero vient de changer sa situation et de compromettre à la fois son avenir et peut-être celui de la révolution espagnole. »

Le 13, le *National* dit enfin :

» Il est impossible de lire ce qui arrive de Barcelone sans éprouver des sentimens de douleur et d'indignation. Ce n'était pas assez d'avoir lancé pendant treize heures sur cette malheureuse ville une bombe par minute ; ce n'était pas assez d'avoir incendié les maisons, détruit les monumens, jeté l'effroi dans toutes les âmes, il fallait à Van Halen de nouvelles vengeances. « Embrassez-vous, disait-il hier aux Catalans, et *jetez le voile de* « *l'oubli sur le passé*. » Sachez quel est ce voile? Il fait empoigner deux cents soldats et miliciens, et la plupart sont déjà fusillés ! Tel est le baiser de paix qu'apporte ce digne collègue de Zurbano. Les chefs de l'insurrection sont partis ; tous les hommes dont le châtiment aurait pu être exigé par la justice, ceux qui s'étaient mis à la tête du mouvement, ceux qui lui avaient donné un caractère politique, tous les individus enfin qui avaient pu exercer une influence dangereuse par l'autorité de leur nom, de leur courage de leur fortune, tous ceux-là sont partis.

» N'importe, il faut des victimes au rut sauvage de ces généraux sans cœur que l'insurrection avait balayés. A défaut de chefs, ils prennent des soldats ; à défaut d'officiers, ils saisissent des miliciens. On a brûlé des maisons, on a tué des hommes, on a fait d'affreux ravages dans cette malheureuse cité. On ne sait pas encore le nombre de ceux qui ont péri. — Cela ne suffit pas, vous dis-je : Zurbano n'est pas content, et Van Halen non plus.

peine de mort contre quiconque aura des armes ; peine de mort contre les militaires qui ne se présenteront pas , peine de mort contre les citoyens qui donneront asile aux réfractaires ; récompense de 10,000 réaux à tout délateur qui fera fusiller son voisin. Et comme si ce terrorisme n'était pas assez infâme, voilà M. Guttierrez, ce chef politique, qui retrouve la voix en reprenant sa place, et qui adresse aux Catalans l'allocution suivante :

« Soyez soumis au gouvernement et à son autorité légitime ;
» secondez leurs efforts pour rétablir *l'ordre public* dans cette
» *belle* capitale ; L'ÉTAT EXCEPTIONNEL *sous lequel elle se trouve*
» *placée ne sera prolongé* qu'autant *que le demanderont* VOTRE
» BIEN *et la nécessité.....*, *le patriotisme et la générosité* des auto-
» rités qui sont à votre tête vous en donnent l'assurance. »

« La *générosité* de Van Halen et de Zurbano a fait ses preuves, en effet, et les Catalans y peuvent compter ! C'est *pour leur bien* qu'on a bombardé Barcelone avec une fureur inouïe ; c'est pour leur bien qu'on a publié des *bandos* menaçans ; c'est pour leur bien qu'on a déclaré la place en état de siège ; c'est pour leur bien qu'on a forcé cinquante mille hommes et femmes à bivoua- quer dans la campagne ; qu'on a réduit la population au déses- poir ; et qu'on fusille aujourd'hui bon nombre de soldats et de miliciens ! Tout cela, c'est le témoignage du *patriotisme et de la générosité* de Van Halen, Zurbano, Guttierrez, honorable trinité qui triomphe aujourd'hui. M. le marquis de Rodil a jugé qu'il était sage et prudent de l'imposer de nouveau à la Catalogne, et son altesse le régent Espartero n'a pas cru qu'il appartînt à la dignité de sa position de contrarier en rien le marquis de Rodil.

« Il a donc bien raison, M. Guttierrez, de prêcher la soumission à un gouvernement aussi doux et aussi paternel ! Méchans jon- gleurs , sans intelligence et sans courage , qui outragent toutes les lois de l'humanité, qui insultent à la défaite et aux ruines, et qui osent parler d'ordre, de félicité et de repos ! Qu'ils impo- sent la soumission par la terreur et par les armes ; qu'ils mena- cent encore du fer et du feu ; c'est leur rôle. Mais il sont bien impudens ou bien stupides s'ils espèrent éteindre les ressenti- mens, calmer les haines, amortir les passions et recevoir du libre élan des peuples une soumission volontaire.—Tant que Van Halen, Zurbano et Guttierrez seront présens, il faudra pour obtenir la tranquillité de la Catalogne, lui mettre un boulet au pied et sus- pendre une bombe sur sa tête.

» Nous aurions été heureux de pouvoir soutenir de notre faible appui le chef élu, le chef légitime de la révolution espagnole; mais les excès que l'insurrection n'avait pas commis, c'est lui qui en a pris la honte. Au lieu de se montrer avec l'impartialité supérieure d'un Pouvoir, il s'est laissé aller aux sottes et féroces rancunes d'un caporal. Au lieu d'être sévère comme la justice, il a été cruel et implacable comme la vengeance. Pour punir des insurgés , on bombarde une ville; pour châtier des chefs , on fusille des miliciens et des soldats; pour obtenir un désar- mement, on encourage le vice le plus odieux : la délation. C'est ainsi que les nations se dégradent; c'est ainsi que, loin de ré- générer ce pays, on entretient dans son sein des mœurs sauva- ges. On n'est pas un chef populaire avec ces façons d'agir toutes

royales ; et le régent, méprisé de ses ennemis , ne peut plus inspirer que de la méfiance à ceux-là même qui ont le plus à cœur
le triomphe de la révolution. »

Bien ! très bien ! voilà encore de la verve, contre les bombardeurs et les embastilleurs !

Revue Indépendante:

Avant de connaître le bombardement, elle disait :

« Tout en blâmant avec énergie la triste échauffourée de Barcelone, digne pendant, en sens contraire, de celle essayée à Pampelune et à Madrid, au mois d'octobre de l'an passé, ne peut-on
du moins atténuer les torts des révoltés, les justifier en partie, et
surtout appeler sur leur tête un pardon plus juste encore que
généreux ? Il nous semble impossible, malgré les paroles sévères
qu'on lui prête, qu'Espartero fasse tomber sur Barcelone les foudres d'une justice qui serait de la vengeance. Après un combat
et une victoire, également sans cause et sans effet, et qui semble
un malentendu, les révoltés se soumettent, se rendent, se livrent
à discrétion. Les frapper, ce serait tuer les prisonniers de guerre,
D'ailleurs, Espartero ne peut oublier que c'est à Barcelone, à
l'appui qu'elle lui a prêté, qu'il doit la fuite de Marie-Christine,
sa nomination à la régence, et le pouvoir dont il dispose aujour-
d'hui contre elle ; il ne peut oublier surtout que les habitans vic-
torieux, maîtres de la cité, se sont montrés, comme nos héros
de juillet, amis de l'ordre, soumis aux lois, humains et généreux
envers les soldats vaincus ; qu'ils ont rendu la liberté à des enfans qui pouvaient être en leurs mains de précieux otages contre
les dangers d'un bombardement et d'un assaut ; il doit enfin ,
mettant la main sur sa conscience, sur son cœur d'honnête
homme, se demander si, depuis qu'il tient les rênes de l'État, on
a fait pour le salut, la gloire et le bonheur du pays qu'il gouverne,
tout ce que promettaient d'heureuses circonstances, tout ce que
réclamait le présent, tout ce qu'exigeait la sécurité de l'avenir ;
il doit se demander si l'on a mis à profit ce temps précieux, irréparable, qui devait servir à fonder, sur des bases solides et éter-
nelles, le règne de la liberté, si l'on a bien compris l'urgence et
la grandeur de cette œuvre immense qu'on appelle la régénéra-
tion d'un peuple. »

Puis, apprenant subitement le bombardement, l'auteur écrit
ce post-scriptum :

« La résistance inattendue de Barcelone et le soulèvement de
la province justifient ce que nous avons dit plus haut : c'étaient
la modération, la générosité, la justice qui devaient politiquement triompher. Une sévérité inopportune et blâmable est venue
donner force à la révolte, et presque raison. »

Puis, le 25, *la Revue* ajoute :

« L'indignation de l'Europe a châtié, comme elles le méritaient , les férocités dont Barcelone a été le théâtre ; et l'Angleterre, protestant seule, avec une fureur inouïe, contre ce cri de
l'humanité insultée, a complété le désastre de la politique d'Espartero. Cette politique n'est sortie de son sommeil que deux

fois : la première pour fusiller de jeunes et braves soldats qu'il fallait punir par le pardon de leur étourderie ; la seconde pour bombarder Barcelone.

« Il est impossible de prévoir comment les Cortès accueilleront le régent, au retour de *cette scandaleuse débauche de caporal....* »

Puis, l'écrivain examine ce que devraient faire les Cortès espagnols, et il ajoute :

« Mais on ne doit pas se dissimuler que les difficultés sont plus grandes peut-être en France qu'en Espagne.

« Il faudrait que les chambres françaises eussent le courage de mettre fin, par une intervention résolue, à cette politique de famille à laquelle on a fait jusqu'ici tant de sacrifices, sans qu'elles ai ent paru presque s'en apercevoir.

« Il faudrait en même temps débarrasser, une fois pour toutes, notre politique de ces hommes qui ne la conçoivent qu'asservie à l'alliance anglaise..... »

La *Revue indépendante* flétrit donc aussi le bombardement.

Constitutionnel (parisien).

Il approuve Espartero ! et c'est la *Presse* qui lui fait honte, en disant :

« La dépêche annonçant la capitulation de Barcelone a rendu la voix au *Constitutionnel*, et ce matin il hasarde quelques observations pour la justification du général de la guerre civile, que les bombes anglaises ont rendu vainqueur de la ville qui résistait en criant : « A bas les Anglais et vive la France ! » Le *Constitutionnel* est jusqu'ici le seul journal qui ait eu ce cynique courage.

Courrier français.

Le *Courrier* excuse Barcelone, condamne implicitement Espartero et voit la France bloquée partout par la faute de son gouvernement :

« La Catalogne a des griefs contre le pouvoir central ; elle est pressurée par l'occupation militaire, surchargée d'impôts, gênée par le recrutement et par l'octroi, inquiétée par la prépondérance croissante de l'influence anglaise dans le gouvernement.

» La compression du mouvement barcelonais aura de graves conséquences pour les Espagnols. Dans un autre pays, le résultat immédiat du rétablissement de l'ordre serait un échec décisif pour tous les fauteurs d'insurrection ; mais en Espagne rien ne se fait logiquement : l'ordre ne tire pas plus à conséquence que le désordre, et, malgré la soumission de Barcelone, Valence, Sarragosse ou Madrid ne tarderont peut-être pas à se soulever.

» Les projets que le ministère avait présentés, l'emprunt, la loi des cotons, la capitalisation des intérêts arriérés de la dette pourront paraître plus acceptables à la majorité. L'Angleterre, qui devenait suspecte aux Espagnols, gouvernera sous le nom d'Espartero.

» La France est, par la faute de son gouvernement, séparée de l'Espagne. Toutes relations demeurent interrompues entre les cabinets de Paris et de Madrid. Cet état de choses, que l'on avait représenté comme provisoire, on tend aujourd'hui à le rendre définitif. L'Espagne est un champ de bataille que l'on abandonne aux intrigues de l'Angleterre, et cela dans un moment où nous n'avons plus en Europe un seul allié. Nous avons déjà l'ennemi sur le Rhin ; l'on s'arrange pour l'appeler aussi de l'autre côté des Pyrénées. On n'a pas assez de l'isolement, et l'on nous attire un blocus ! »

Et c'est pour ce gouvernement qu'il accuse d'une faute si grave que le *Courrier* a demandé des bastilles !

Le Chartvari,

« Jadis nous nou étions plu à saluer en lui le représentant légitime, prudent et bien intentionné du triomphe de la souveraineté du peuple ; mais aujourd'hui il ne nous apparaît plus que comme le représentant d'un arbitraire sauvage et sanglant. Espartero a fini sans doute par prendre à la lettre le titre de Napoléon espagnol que lui donnent de ridicules flatteurs ; malheureusement il semble s'être étudié à ne ressembler à son soi-disant modèle que par un mauvais côté. Napoléon étouffa la révolution, sa mère ; mais ce fut du moins sous des amas de lauriers, tandis qu'on dirait qu'Espartero veut l'étouffer sous des monceaux de décombres et de cadavres. C'est une triste gloire que celle qui s'élève sur des potences ou qui ne brille que de l'éclat des bombes civiles. »

Le Corsaire.

L'AMNISTIE DE BARCELONE.

« La liberté et le choléra ayant fait le tour du monde, l'amnistie n'a pas voulu rester en arrière du progrès.

» Partie de Saint-Pétesbourg en 1832, elle est parvenue à Barcelone en 1842. Dix ans pour arriver de Nicolas à Espartero, c'est un peu long, mais la route était rude, et l'hydre révolutionnaire avait la vie dure.

» Le duc de la Victoire, que les lauriers de l'autocrate et du juste-milieu empêchaient de ronfler, a promulgué le pardon suivant :

» A nos armés et féaux Barcelonais, salut, affection et amnistie !

» Nicolas, après avoir pacifié la Pologne et fait régner l'ordre à Varsovie, a amnistié les Polonais en repeuplant la Sibérie au sein de laquelle le besoin de déportés se faisait généralement sentir.

» Le juste-milieu, après avoir pacifié Paris, Lyon, Grenoble, Nîmes, Clermont, etc., etc., a, dans sa clémence, amnistié les condamnés de février, d'avril, de mai, de juin, etc., etc., etc., au profit des forteresses de Saint-Michel, Doullens, Clairvaux et autres Roquettes.

» Jaloux de ne pas demeurer en reste avec ces actes de mansuétude, nous, Espartero, gérant pas responsable de toutes les Espagnes, duc de la Victoire, marquis de la Gloire, baron de la Rôtissoire avons décrété et décrétons ce qui suit :

» Amnistie pleine et entière est accordée aux révoltés qui sont morts traîtreusement en défendant les murs de Barcelone.

» Même amnistie est accordée aux individus pris les armes à la main, et fusillés en exécution de notre gracieux bando du 8 décembre. Leurs parens et amis non expédiés par les feux de peloton, sont libres de rechercher les corps des défunts et de les faire enterrer à leurs frais, dans tel cimetière qu'il leur conviendra, en payant au gouvernement un droit de dix contos de réaux par tête — s'il en reste.

» Amnistie toute aussi pleine, aussi entière et aussi généreuse, est accordée aux mères, filles, femmes et sœurs des fusillés, qui n'ont fait ni cartouches pour les combattans, ni charpie pour les blessés, ni suaires pour les morts.

» Le même pardon est octroyé aux maisons qui n'ont été que criblées, démantelées et brûlées par notre magnanime canon ou nos sensibles bombes. Elles peuvent se faire recrépir, recouvrir, restaurer et rebâtir aux frais des héritiers de leurs propriétaires, sans avoir jamais à craindre d'être inquiétées, recherchées ou rebombardées à cet égard.

» Enfin, pareille amnistie est étendue aux Barcelonais qui, à l'époque du bombardement, se trouvaient à Paris, à Londres, à Vienne, à Berlin, à Rome ou à Pékin.

» Seulement ces Barcelonais ne pourront rentrer en Espagne qu'en passant par un conseil de guerre qui décidera, dans sa mansuétude, s'il y a lieu de leur accorder le pardon de la politique ou la miséricorde du feu de peloton.

» Octroyé en notre palais d'indulgence, le 12 décembre de l'an de pitié 1842.

» ESCARPERO. «

On le voit, les ironies du *Corsaire* ne sont pas la moins sanglante des malédictions contre le bombardement et les bombardeurs.

Mais écoutez la *Patrie* !

Opinion de la Patrie.

« Il est probable que c'est à une coalition momentanée que sont dus les premiers succès du soulèvement.

» Quant à celui qui a le plus de chances d'en profiter, il semble que c'est le parti des christinos.

» Les christinos seuls ont des chances de succès et des moyens d'exécution ; la France officielle avoue hautement ses sympathies pour Christine, Paris est le centre de toutes ses manœuvres, la frontière lui est livrée, sinon ostensiblement, du moins de fait. Les sommes immenses qu'elle a emportées de la Péninsule lui permettent de soudoyer de nombreux émissaires. Il est donc possible que ce soit la main cachée qui dirige tous ces mouvemens.

» Les formes républicaines affectées par la junte ne seraient pas même une preuve de la non-intervention de l'ex-régente, car ce n'est qu'à l'aide de ces faux-semblans de démocratie que l'on a pu remuer les masses populaires. Qui nous dit d'ailleurs qu'on ne renouvelle pas en Espagne les comédies populaires de 1830 ? L'avenir seul peut nous éclairer à cet égard en attendant, les probabilités restent. »

« Le tableau que nous offre l'Espagne en ce moment est celui de la liberté aux prises avec le despotisme militaire.

» Si dans ce conflit la liberté apparaît sous des formes anarchiques, c'est la faute des circonstances et du pouvoir, qui ne lui laissent aucun moyen de se régulariser et de rentrer dans la résistance légale. L'anarchie est toujours une conséquence du despotisme.

» L'opinion générale de la nation est évidemment contre Espartero. L'opposition a triomphé dans les cortès, et les cortès sont prorogées. La presse entière s'est unie contre lui, et la presse de toutes parts est enchaînée et persécutée. Barcelone et Valence se sont révoltées et ont chassé les troupes ; la Catalogne et les provinces voisines sont en feu, et le dictateur s'apprête à foudroyer ces villes, à envahir les provinces du Nord et à exercer ses terribles vengeances.

» Privée de ses garanties, sans représentation nationale, au milieu des ruines de ses institutions communales et provinciales, l'Espagne est aujourd'hui gouvernée par une armée.

» Et les citadelles élevées pour préserver le pays de l'invasion étrangère servent à la tyrannie à écraser, sous les ruines de leurs maisons, des citoyens qui réclament la jouissance de leurs droits.

» La ruine du crédit, des finances et du commerce, la liberté anéantie, la sécurité perdue, la guerre civile avec toutes ses horreurs, le régime de la fusillade et du sabre substitué au règne des lois, voilà les conséquences du système des conservateurs de l'Espagne.

» Le pays est privé de sa représentation au moment où elle lui serait le plus nécessaire pour calmer et concilier les esprits. Le quartier-général et le parc d'artillerie d'Espartero remplacent tout : le gouvernement, les conseils, les chambres, et jusqu'aux députés des provinces insurgées.

» Pour compléter cette œuvre d'iniquité et de tyrannie, il ne manquait plus à cet homme que de conclure un pacte impie avec l'Angleterre et de donner patente aux vaisseaux de cette puissance pour bloquer et canonner le port de Barcelone. Ainsi le despotisme s'appuie sur la trahison, et la liberté se trouve pressée, étouffée, entre les satellites d'un dictateur et les canons d'une puissance étrangère. »

Puis, faisant un retour sur la France, la *Patrie* ajoute :

« Si de ce tableau affligeant, nous reportons nos regards sur notre situation intérieure, n'avons-nous pas à redouter dans l'avenir de pareilles conséquences, en voyant la marche et les progrès d'un système qui envahit peu à peu toutes nos libertés, en s'appuyant d'une part sur un vaste déploiement de force militaire et de citadelles, de l'autre sur les concessions faites à l'*étranger*?

» La *Patrie* était donc fondée en attaquant avec persévérance tous les hommes qui ont concouru dans notre pays aux mesures hostiles à la liberté. Elle avait donc raison, lorsqu'elle s'opposait aux lois de septembre, à l'altération de l'indépendance du jury, aux *fortifications*, système appuyé sur le développement ruineux et menaçant de la force militaire, toute prête par sa constitution même à devenir l'instrument du despotisme.

» Nous avions raison en nous élevant contre la connivence du torysme français avec le torysme anglais, toujours prêt à favoriser la tyrannie en échange de quelques concessions commerciales.

» M. Guizot et ses adhérens nous ont fait la situation qu'Espartero a faite à l'Espagne. Avons-nous tort lorsque nous redoutons les mêmes conséquences?

» Il y a incompatibilité entre les *citadelles* et la liberté, entre une *armée* trop nombreuse et les droits d'un peuple, entre une police armée de sabres et les garanties générales et individuelles. »

Répondant aux *Débats*, la *Patrie* dit :

« Nous recommandons à tous les journaux qui ont eu la faiblesse d'appuyer la loi des fortifications, le récit fait par un journal du gouvernement de la situation des assiégés et des assiégeans de Barcelone, pendant les journées du 28 et du 29 novembre. D'un côté des batteries de mortiers et des fusées à la congrève, étagées sur les remparts du fort Mont-Jouy, des menaces de mort, de massacre, de *citadelles à construire avec les ossemens des révoltés*; de l'autre, une population de cinquante mille âmes cherchant son salut dans la fuite ou dans la prière, et ne le trouvant que dans l'influence du représentant d'une puissance étrangère. Après cela, messieurs, concourez de vos écrits, de vos mains même, s'il le faut, à élever des bastilles, mais ne songez plus à vous plaindre du despotisme doctrinaire, de l'abaissement dans lequel on tient notre belle patrie, de nos impôts chaque jour croissans, de nos libertés étouffées, anéanties, de la corruption qui publiquement s'étale à nos côtés; ne demandez plus qui a fait si petite et si débile cette France jadis si grande et si puissante; sinon, gare aux batteries de mortiers, aux fusées à la congrève, qui bientôt seront étagées sur les remparts de vos forts Mont-Jouy !

A l'annonce du bombardement, la *Patrie* exhale ainsi sa douleur et son indignation :

« Oh! que voilà une belle et noble victoire ! Que ces bombes anglaises et espagnoles, s'associant pour ruiner la reine de l'industrie espagnole, font honneur au duc de la Victoire! Que la proclamation du général Van Halen, toute pleine de menaces de mort, d'offres d'argent faites aux délateurs, se termine heureusement par un appel à l'oubli du passé ! Qu'il est intelligent ce héros de guerre civile criant à ses concitoyens : « Quiconque ne se rendra pas immédiatement, sans con- » dition sera passé par les armes... Rendez-vous donc et embrassons- » nous comme des frères ! »

» Au reste, cet irréparable désastre de Barcelone sera un grand enseignement. Il nous apprendra comment ces hommes que la liberté a faits puissans en finissent avec la liberté quand elle ose leur demander compte du pouvoir qu'elle leur a donné.

« Quant à Espartero, quoi qu'il fasse désormais, il est sans force et sans avenir : le pied ne tardera pas à lui glisser dans le sang des Barcelonais ! »

Répondant au *Globe*, la *Patrie* dit :

« Parmi tous les journaux, il en est un qui s'est senti le déplorable courage d'adresser des félicitations au régent d'Espagne à propos du bombardement de la plus industrieuse des cités espagnoles. Ce journal, qui rappelle à propos de ce grand et irréparable désastre qu'un gouvernement a parfois des *devoirs cruels* à remplir, est, dit-on, l'organe de prédilection de M. Guizot.

» Vienne (dès que nous jouirons de quatorze bastilles bien et dûment armées) une émeute quelconque, un soulèvement d'ouvriers sans travail, et vous pourrez, pendant que les bombes pleuvront sur Paris, lire dans les journaux de la Doctrine : « Quand on est chef d'un gou- » vernement, on a quelquefois des devoirs bien cruels à remplir. »

Devoirs cruels... Ordres impitoyables... L'ordre règne à Varsovie !... ce sont là de ces mots qui ne s'effacent jamais de la mémoire des peuples :

La *Patrie* dit encore :

« La question des bastilles devient de plus en plus nette, par suite des malheureux événemens de Barcelone. Les amis de M. Thiers qui, après avoir lu les négociations relatives à la soumission de cette ville, ne comprendront pas ce qu'a de menaçant pour l'avenir de nos libertés le système de fortifications dont nous a doté la faiblesse du centre gauche, mériteront que le pays leur applique les paroles de l'Ecriture : *Oculos habent et non videbunt.* »

La *Patrie* demande enfin la suspension des bastilles :

« Il est inconcevable que dans le moment où Espartero vient de bombarder Barcelone, toute la presse ne se soit pas réunie pour demander que les travaux des bastilles soient suspendus. Si l'enseignement de Barcelone ne sert pas aujourd'hui aux hommes de liberté, il servira plus tard aux hommes de despotisme. Les organes du parti radical doivent se repentir bien amèrement de n'avoir pas combattu ce projet si menaçant pour l'avenir. Ce que la prévoyance n'a pas deviné, l'expérience aujourd'hui ne permet pas de le méconnaître.

» Le bombardement de Barcelone doit éclairer la France entière sur le parti qu'on peut tirer des forts détachés contre la liberté.

Est-il possible d'être plus énergique contre les Bastilles ?

Retenez bien ce que la *Patrie* va dire encore des bastilles (10 déc.) :

« Espartero et les Anglais devant Barcelone viennent de nous expliquer le *mystère des fortifications de Paris.* On lit distinctement aujourd'hui au fond de cette politique ténébreuse qui élève autour de la capitale *quatorze citadelles* dont le plus grand nombre domine ce foyer de la civilisation et de la liberté. On sait pourquoi l'Angleterre, qui ne permet pas de relever les remparts dHuningue, voit d'un regard satisfait l'investissement de Paris par ces *bastilles* menaçantes. Le torysme britannique, qui, d'accord avec l'absolutisme du nord de l'Europe, a fait la guerre à la liberté, à la gloire, à la prospérité de la France pendant vingt-cinq ans, applaudit à cette gigantesse entreprise du torysme français, s'apprêtant à ensevelir la liberté du monde sous les débris de son berceau.

» Enfans infidèles et parjures de la révolution de juillet, les doctrinaires ont répudié le principe de non-intervention qu'ils avaient proclamé eux-mêmes en 1830 et 1831. Il a été solennellement déclaré alors que la France reconnaissait à chaque peuple le droit de modifier sa constitution sans avoir à craindre l'interposition d'une puissance étrangère entre son gouvernement et lui. Ce principe de nationalité et d'indépendance était notre propre garantie. Violé du consentement de nos ministres, il nous livre à l'invasion et peut-être au canon des Anglais pointé des citadelles de Montmartre, de Belleville et de Vincennes.

» Il y a maintenant douze ans qu'à pareille époque (décembre), M. Laffitte, au milieu de l'enthousiasme général, adressait, du haut de la tribune, cette notification à l'Europe : « La France ne » permettra pas que le principe de non-intervention soit violé. »

« Et M. Sébastiani ajoutait : « Si ce principe garantit la sécurité » des gouvernemens, il protége aussi la liberté des peuples. » »

« M. Guizot joignit sa voix à ce chorus de patriotisme et d'indépendance.

» Espartero et les vaisseaux anglais se sont chargés de célébrer l'anniversaire de cette déclaration. Les flammes de l'incendie de Barcelone apprennent au monde ce que valent les promesses des hommes qui soumettent les principes à leur intérêt, et ne reculent pas devant la honte des palinodies.

»Les canons anglais portés dans les forts, pointés sur la ville et y lançant des projectiles anglais, nous apprennent quel état cette puissance fait de ce principe. L'Angletere a forgé les foudres qu'Espartero fait tomber sur Barcelone !

» Espartero doit à l'Espagne, à l'Europe civilisée, à l'Humanité, à la Postérité, un compte sévère de sa conduite. Ce n'est pas assez de la Catalogne ; toute la nation doit se lever en masse et citer cet homme à son tribunal..... Il a provoqué l'insurrection par la cruelle tyrannie de Zurbano et de ses satellites. Promoteur de la révolte, il arrive pour la réprimer, ou plutôt pour se venger ! Menaçant, terrible, implacable, il met de nouveau la capitale de la Catalogne dans l'alternative de se livrer au glaive de ses bourreaux, ou de périr sous les décombres de la ville en ruines. Il fait un pacte impie avec l'Angleterre. Barcelone périra, Barcelone commerçante, Barcelone industrielle, Barcelone patriotique, qui excite la jalousie des spéculateurs anglais. »

» Le choix ne pouvait être douteux ; il valait mieux périr avec gloire pour la cause de la liberté sous les ruines fumantes de la ville, que de tendre honteusement la gorge à la corde ou au glaive du bourreau. Espartero, en se présentant comme exterminateur de ses concitoyens, ne laissait que l'alternative des extrémités. Il n'y a point de trève avec qui méconnait les sentimens de modération et d'humanité. Espartero s'est mis hors de la loi des sociétés policées. Ce n'est pas un chef de gouvernement, c'est un BRIGAND qui incendie la maison dans laquelle il ne peut entrer.

» Si Espartero et les Anglais triomphent (plaise au ciel que ce malheur soit écarté !) c'en est fait de la cause de la liberté dans le midi de l'Europe. Le despotisme militaire, planant sur la Péninsule, traversera les Pyrénées, et, réduit en système, et de système en pratique par les hommes dont les mains élèvent autour de nous de formidables remparts, nous n'aurons plus qu'à courber la tête sous la tyrannie des ZURBANO ET DES VAN HALEN DE LA DOCTRINE.

» Les malheureux Catalans, dit-on, volent au secours de Barcelone en criant : « A bas l'Angleterre ! Vive la France ! » Pauvres gens, qui ne savent pas que, de ce côté des Pyrénées, les conservateurs sur lesquels ils comptent ont pour cri de paix à tout prix *à bas la France* et *vive l'Angleterre !*

» Quel que soit le résultat de ce conflit, deux grandes questions en surgiront parmi nous, celle de l'incompatibilité des *Bastilles de Paris* avec la liberté, et celle de *l'intervention* de l'Angleterre dans un débat tout intérieur. M. Guizot peut préparer son arsenal de sophismes : la terrible vérité se fera jour à la tribune. »

Retenez encore ces énergiques paroles de la *Patrie* (13 déc.) :

« Il n'y a pas de liberté possible dans un pays où les grands centres de civilisation, d'industrie et d'action politique sont dominés par des *forteresses*.

» C'est par des bombes, par l'incendie et le massacre des habitans, qu'un pouvoir arbitraire a combattu, vaincu l'esprit d'une population nombreuse. L'homme qu'une révolution a mis à la tête du gouvernement n'a pas craint de vouer à la destruction une cité florissante, et de donner l'ordre d'ensevelir ses concitoyens sous des ruines.

» Barcelone a *été exécutée* par Espartero comme un criminel. Cette exécution sanglante a été suivie d'un décret d'état de siège, monument où la folie le dispute à l'atrocité, et qui semble appartenir à une autre époque et à un autre pays. On ne doit pas se vanter d'avoir aboli l'inquisition, là où un Van Halen ose publier l'abominable *bando* que nous avons lu.

» Et maintenant, on voit ce que peut devenir une ville entourée de *forteresses!* Le despotime y fait planer l'incendie, la ruine et la mort sur la tête des habitans ; il s'y fait accusateur, juge et exécuteur ; et, lorsqu'il a assouvi sa vengeance, il établit ce que Van Halen appelle si bien le *régime exceptionnel ;* alors les citoyens sont gouvernés et administrés par le *sabre* d'une soldatesque barbare comme son chef.

» Est-ce dans une situation pareille que l'on veut mettre *Paris en l'entourant de forteresses ?* Les mêmes causes peuvent amener les mêmes conséquences. Que l'on se représente donc Paris, le siège du gouvernement et des chambres, la tête de la civilisation, la représentation de la France par le concours d'habitans de nos provinces, l'asile de cent mille étrangers ; qu'on se représente, disons-nous, cette grande capitale dans la situation où Barcelone vient de se trouver !

» Comprend-on les chambres délibérant sous le feu des *citadelles ?* Conçoit-on la France recevant des lois faites au milieu d'un bombardement ou sous les rigueurs de l'état de siège ?

» A défaut de l'accomplissement de tels faits, la menace permanente de ces foudres suspendues sur la capitale ne suffirait-elle pas pour en éloigner la représentation nationale ? L'opinion a besoin de croire à l'entière indépendance de ses députés, et ceux-ci ne sont plus libres dès qu'ils peuvent subir la contrainte matérielle des armes, et la contrainte morale d'un despotisme militaire.

» La première révolution a été déterminée par l'approche d'un seul régiment du lieu ouvert où siégeait l'assemblée de la nation. Et l'on regarderait aujourd'hui comme une circonstance indifférente que les deux chambres tinssent leurs sessions entre *quatorze citadelles* et au milieu de cent mille soldats armés !

» Peut-on faire dépendre le système représentatif de l'esprit parisien ? Si cet esprit s'agite, s'il résiste au pouvoir, s'il s'engage des collisions, faudra-t-il que la représentation subisse les violences qui se commettront de part et d'autre, et qu'elle soit influencée ou par une anarchie ou par une dictature brutale ?

» Il est donc nécessaire, ou que l'on *arrête la construction des forteresses*, ou, si le pouvoir persiste dans son projet, que les chambres soient éloignées des murs de Paris ; sans cela la liberté n'existera plus ; il n'y aura pas même l'apparence de la liberté.

» Les députés qui n'ont pas aliéné l'indépendance de leurs votes feront bien de refuser leur consentement aux nouveaux subsides demandés pour les fortifications de Paris, à moins qu'il ne soit expressément déclaré qu'à l'avenir les chambres ne siégeront plus dans l'enceinte fortifiée qui s'élève autour de la capitale.

» La représentation nationale ne doit être ni prise d'assaut par l'ennemi extérieur, ni menacée par l'émeute, ni opprimée p ar les bastilles d'un dictateur.

» La garde nationale parisienne elle-même n'ayant en perspective que sa *dissolution* par le développement du système de dictature militaire, il ne reste au pouvoir parlementaire qu'à chercher un lieu où il n'étouffe pas dans une enceinte continue et au milieu des baïonnettes.

» Ce vote presse, car les constructions avancent. Si l'on tardait, il ne serait peut-être plus temps de prendre ses sûretés. Qu'attendrait-on ? Que M. *Bugeaud*, *maréchal de France*, revînt d'Afrique avec les souvenirs de la rue *Transnonain* et de la forteresse de *Blaye* ! Ce serait un beau couronnement pour le système des fortifications ! »

Voilà de la hardiesse, du courage et de la netteté !

Et remarquons-le bien, la presse, excepté le *Globe* et le *Constitutionnel*, est unanime pour dire anathème au bombardement et aux bombardeurs.

Nous pouvons cependant encore, nous, ajouter quelques réflexions qui ne seront pas inutiles.

Mais auparavant, voyons rapidement l'opinion des journaux sur les préparatifs militaires dans Paris.

IV.—Opinion des journaux sur les préparatifs militaires dans Paris.

On sait que le *Commerce* a publié un *plan* détaillé de Paris et des forts, qui démontre incontestablement : — qu'il n'est pas un point de la ville qui ne puisse être brûlé ou écrasé par les feux croisés de plusieurs forts ; — que les faubourgs Antoine et Marceau seraient surtout facilement réduits en cendres et en ruines; — et que la rivière, les routes et les barrières, seraient si bien fermées que personne et rien ne pourrait entrer ni sortir.

Le *Commerce* (14 octobre) rend ainsi compte des préparatifs de défense faits aux Tuileries :

« Il s'est exécuté cet été, aux Tuileries, une série de travaux stratégiques qui ne sont pas sans importance : les huit grands corps-de-garde qui sont dans la cour ont été restaurés, agrandis et consolidés ; on les a garnis de grilles et de *meurtrières*; si bien que chacun de ces postes ne pourrait aujourd'hui être enlevé par surprise. Le poste du *Pont-Tournant* a été aussi l'objet d'une restauration complète. On a remanié toutes les fermetures des grilles. Un couloir de correspondance directe a été ménagé, en ouvrant une simple porte, entre la caserne du *Carrousel* et les grands appartemens du château. Le poste de la place des *Pyramides* a été pourvu d'une dizaine d'échelles pour monter par les croisées à l'intérieur du pavillon *Marsan*, si le château venait à être attaqué.

« Enfin, voici comment cet hiver le château va être gardé : il y a, comme on sait, quatre casernes d'infanterie et de cavalerie à quelques pas du palais ; ce sont les casernes du *Carrousel*, *Saint-*

Thomas, de *l'Assomption* et du quai *d'Orsay*. Ces casernes contiendront autant de soldats d'élite que possible. Il y a à l'entour du palais seize postes : ces postes seront occupés par des soldats d'armes et de régimens différens : quatre petits postes sont occupés par la garde nationale, *qui n'a jamais de cartouches*. Puis, tout à l'entour de la cour du palais et du jardin, en dedans et en dehors, il y soixante-deux guérites de sentinelles ; ces guérites sont garnies de petites fenêtres à droite et à gauche, ainsi qu'au fond, afin que ces sentinelles ne puissent jamais être surprises.

« Il y a en outre, auprès des appartemens du Roi, le poste des aides-de-camp et des officiers d'ordonnance ; puis celui des adjudans et des nombreux agens de la police spéciale.

« Jamais citadelle assiégée n'aura été aussi bien gardée. »

Ne croit-on pas rêver en lisant ces détails ? Que dirait un sauvage en voyant tant de défiance et tant de prévoyance de guerre civile dans une Nation civilisée ? Est-ce là l'ordre dont le dix-neuvième siècle peut se vanter ?

La *Patrie* compose ainsi la garnison de Paris :

« Les troupes composant la garnison de Paris, au nombre de treize régimens, tant infanterie que cavalerie, ont été divisées en cinq brigades commandées par les généraux ci-après : — 1re brigade (3e, 68e de ligne et 2e bataillon des chasseurs d'Orléans), commandée par le général Rostolan ; — 2e brigade (12e et 50e de ligne), commandée par le général de Saint-Yon ; — 3e brigade (11e, 23e et 59e de ligne), commandée par le général Guingret ; — 4e brigade (40e de ligne et 22e léger), commandée par le général Bonecholtz ; — 5e brigade (3e d'artillerie, 5e dragons et 3e lanciers), commandée par le général de Mornay. — Toutes ces troupes forment un effectif de plus de 20,000 hommes. »

A quoi il convient d'ajouter toutes les troupes campées aux fortifications et celles des garnisons des environs de Paris, telles que Courbevoie, Saint-Germain, Vincennes, etc. ; l'on obtiendra ainsi le chiffre d'une armée formidable.

Le *Populaire* (13 novembre) annonçait ainsi la nomination des généraux Jacqueminot et T. Sébastiani :

« Le général Jacqueminot remplace le maréchal Gérard dans le commandement de la Garde nationale, et le général Tiburce Sébastiani remplace le général Pajol dans le commandement de la Division militaire. — Ce sont deux généraux de faveur, entièrement dévoués à la Cour, en place de deux vieux guerriers qui, dans certaines circonstances, pouvaient avoir quelque indépendance. — C'est un fait grave, un fait révélateur, un fait précurseur de beaucoup d'autres. Peut-être verra-t-on bientôt le général Bugeaud nommé commandant général des fortifications, pour ne pas dire des bastilles ! Dès maintenant, on peut crier : *attention !*

A cette occasion, *la Quotidienne* dit :

« D'après l'usage, c'est le commandant de la Garde nationale qui a le pas sur le commandant militaire ; mais M. Jacqueminot étant plus jeune général que M. Tiburce Sébastiani, celui-ci réclame la préséance. Qui commandera, demande-t-on, alors? Sera-ce le général J...., sera-ce le général T. S....?— Nous répondons : Ce sera le maréchal Bugeaud ! Laissez faire les Bastilles! »

Le maréchal-de-camp Aupick, commandant la place de Paris, vient d'adresser un *ordre du jour*, aux chefs de corps, concernant les officiers de ronde.

« Dans cet ordre, le nouveau commandant de place se plaint de ce que les officiers de ronde négligent de s'assurer si les chefs de poste sont bien pénétrés de leurs devoirs, si les consignes sont bien comprises, et si elles reçoivent leur entière exécution. Enfin, il recommande notamment de veiller à ce que les armes et les cartouches des hommes de garde soient constamment en bon état.

La *Patrie* du 8 décembre ajoute :

« Depuis que le général *Aupick* est chargé du commandement de la place de Paris, la garnison est sous l'empire d'une sorte d'inquisition : il n'est sorte de tracasseries auxquelles elle ne soit en butte. Les postes, notamment, sont surveillés non moins rigidement que s'ils étaient placés devant un camp ennemi. On ne se contente plus, pour s'assurer si les mots d'ordre et les consignes sont bien observés, des rondes d'officiers et des patrouilles, on vient d'instituer un service particulier pour espionner en quelque sorte ces dernières, c'est-à-dire contrôler si elles font bien exécuter les ordres qui leur sont imposés.

» On tient surtout à ce qu'on prenne note des postes qui mettent le plus ou le moins d'agilité à prendre les armes, et à ce qu'on s'assure si chaque homme de garde a bien le nombre voulu de cartouches, et si elles sont en bon état. Il résulte de ce redoublement de surveillance, que la place a à adresser chaque matin aux chefs de corps une série infinie de punitions infligées aux hommes de garde, à tel point que les prisons et salles de police ne désemplissent plus.

» Indépendamment de toutes ces mesures, le lieutenant-général *Tiburce Sébastiani*, commandant la première division, inspecte en ce moment toutes les casernes de la capitale ; son examen porte principalement sur les armes et sur les munitions de guerre. A l'égard de ces munitions, on en fait faire en ce moment dans chaque corps un état particulier, afin d'établir la durée moyenne de défense que la garnison pourrait soutenir en cas d'*émeute*. Le chiffre moyen des cartouches pour chaque régiment d'infanterie est de 18,000 par bataillon, ce qui fait environ 45 ou 50 cartouches par homme. »

Le *Commerce* (5 décembre), signale ainsi les envahissemens et les progrès des Bastilles au sujet du fort l'Épine :

» Lorsqu'en 1833, il fut question de construire les forts détachés autour de Paris, l'un de ceux qui furent frappés de la plus vive réprobation fut certainement le fort de l'Épine, qui devait être érigé sur un plateau qui domine tout Paris. Le cri général de la Garde nationale de Paris fit abandonner ce projet, et dans les projets adoptés en 1840, le fort de l'Épine ne figurait plus. **Mais nous avons un Système qui renonce difficilement à ce qu'il a voulu.**

» Les artificiers du régiment d'artillerie en garnison à Vincennes se sont définitivement emparés du plateau de l'Épine. C'est là qu'ils ont établi leur dangereux atelier pour la fabrication des amorces fulminantes. Maintenant l'atelier prend tous les jours de l'extension, et on ne laissera pas un tel établissement sans protection, livré à la merci d'un coup de main : il va donc falloir le fortifier, à la légère d'abord, puis plus solidement ; et c'est ainsi qu'on arrivera, par une voie détournée, aux résultats qu'on s'était proposés en 1833. »

Le *Commerce* du 12 décembre signale ainsi le fort d'*Ivry* :

« Malgré l'époque avancée de la saison, la forteresse d'Ivry occupe encore un grand nombre d'ouvriers civils et militaires.

» Le fort d'Ivry, tracé au point culminant du côteau situé au sud-ouest du village de ce nom, occupe un terrain de plus de 120 hectares. Il est composé de cinq énormes bastions, dont l'ensemble forme un développement de 2,000 mètres. Son revêtement est presque terminé, et les murs reçoivent au fur et à mesure leurs tablettes de couronnement. Quant aux plates-formes des bastions, banquettes et assises, ainsi qu'aux places d'armes, toutes ces parties pourraient être dès aujourd'hui livrées au service militaire. A toutes les courtines, on a pratiqué une double poterne ayant sortie à profondeur du fossé. De chaque côté de ces issues secrètes, sont ménagés des emplacemens destinés à recevoir de l'artillerie. Les casemates, à meurtrières, sont au nombre de 37. Le pont-levis formant l'entrée de ce fort fait face à Ivry ; il est protégé de chaque côté par deux immenses casemates. et le rempart qui domine cette entrée est disposé de manière à recevoir plusieurs pièces de canon.

» Par les bastions qui font face à Charenton et à Paris, on peut déjà se faire une idée de la manière dont ce prodigieux établissement sera armé ; chaque bastion est disposé de manière à recevoir seize affûts.

» Outre les magasins à poudre et la caserne crénelée que l'on est en train d'ériger au centre de cette enceinte bastionnée, on a consolidé toutes les carrières que renfermait le terrain sur lequel est construit ce fort, de manière à en faire des dépôts de munitions de guerre de toutes sortes en cas de siége. Voûtés et muraillés comme les casemates, ces souterrains se trouvent maintenant divisés en plus de quatre-vingts magasins de 25 mètres chacun de long sur huit mètres de largeur, et ayant 2 mètres et demi de profondeur. Tous ces caveaux communiquent entre eux par des portes à l'épreuve des boulets.

» On estime que cette immense construction coûtera au pays près de 12 millions, suivant l'estimation du génie.

» L'exécution des travaux concernant les forts détachés a été poussée, pendant les campagne de 1841 et 1842, avec une activité telle, que dès aujourd'hui on pourrait déjà armer et faire occuper, en cas d'événemens graves, *quatre des citadelles* qui entourent Paris. »

Le 31 décembre, il ajoute :

« A en juger par l'empressement que le gouvernement manifeste pour l'expropriation des terrains nécessaires aux nouveaux forts, et la rapidité avec laquelle ces opérations sont conduites, le ministère paraît craindre que les chambres ne sanctionnent pas les immenses dépenses occasionnées par ce travail gigantesque et redoutable pour les libertés publiques : aussi, à mesure qu'un propriétaire cède son terrain, le génie y met la pioche, y installe les ouvriers, et y entasse les matériaux. Il faudra bien que MM. les députés acceptent cet état de choses !

« Depuis quelques jours, les expropriations pour les forts de *Montrouge* et de *Vanves* marchent avec une grande célérité. Si ces forts ont peu d'importance pour la sûreté de Paris, en revanche ils maintiendront parfaitement toute la population des faubourgs méridionaux de la capitale.

» Sur un autre point, on fait les expropriations nécessaires pour établir un réseau de routes stratégiques autour de la formidable citadelle du *Mont-Valérien.* L'une de ces routes, partant de la porte du fort, traverse le village de Suresne, aboutit au pont suspendu, passe dans le bois de Boulogne, et rejoint l'avenue de Neuilly à la porte Maillot. On a calculé qu'une voiture, menée au grand trot, peut conduire en seize minutes des Tuileries au Mont-Valérien.

» Le fort du Mont-Valérien, composé de cinq énormes bastions, va être fermé d'ici à quelques jours. Il contient déjà deux casernes, quatre magasins à poudre pouvant en contenir chacun 75,000 kilog. »

Le *Commerce* annonce ainsi l'armement des forts :

« On attend incessamment, à l'arsenal de St-Thomas-d'Aquin, les premières pièces qui doivent concourir à l'armement des forts et de l'enceinte continue. Ces pièces, au fur et à mesure qu'elles arriveront, seront essayées à Vincennes. Déjà on dispose les affûts qui doivent servir à cette épreuve. Ces affûts sont en fonte et montés sur quatre roues tournantes, comme ceux qui supportent les canons de l'hôtel des Invalides. »

Voyez les alarmes de la *Patrie* (15 décembre), sur les tendances au despotisme militaire :

« Depuis quelque temps, les journaux de la cour enregistrent avec complaisance les revues de régimens passées au Champ-de-Mars par M. le duc de Nemours, ses visites à Vincennes et aux fortifications de Paris.

« Il est bon, sans doute, qu'un prince français fasse son éducation militaire ; mais nous croyons aussi qu'un régent présomptif du royaume a d'autres choses à apprendre que de la stratégie, des manœuvres et l'art des fortifications.

« Ainsi nous voudrions le voir se mettre en rapport avec la garde nationale, que l'on néglige un peu trop à notre avis.

« Il serait bon que l'on ne pût pas croire que cette sollicitude exclusive pour les manœuvres, les citadelles, les canons et les casernes, puisse devenir menaçante pour la liberté. On éloignerait cette opinion en se mêlant un peu plus à la milice citoyenne.

« Nous le disons avec regret, on voit une tendance inquiétante dans cette préoccupation bonne en elle-même, mais trop exclusive, au milieu d'une profonde paix surtout. La pente au *despotisme militaire* est facile à qui d'une parole remue ces masses armées qui obéissent si aveuglément. Un prince destiné au gouvernement dans un pays de liberté se doit à tous et non pas seulement à ses soldats. Nous ne sommes plus au temps des prétoriens, des strelitz ou des janissaires. »

Marche-t-on au désarmement de la garde nationale ? — Ecoutez la *Patrie* (1er janvier) :

« La garde municipale a décidément détrôné la garde nationale dans les sympathies du Pouvoir : toutes les préoccupations bienveillantes de la cour et du cabinet, leur tendre sollicitude, s'adressent au premier de ces corps, tandis que la milice citoyenne, deshéritée des priviléges de leur affection, livrée au commandement d'un chef sans talens, sans réputation et sans crédit militaires, voit l'épaulette de laine poliment éconduite des salons où jadis elle était l'objet de tant de caresses amicales, de prévenances familières.

« La ville de Paris a déja fait le sacrifice de quatre ou cinq millions pour restaurer, agrandir et rendre le plus confortables qu'il lui était possible, les *casernes* destinées à sa gendarmerie spéciale ; elle croyait en être quitte avec elle ; et, certes, on ne pouvait, sans injustice, l'accuser de parcimonie sur ce point ; elle a été, au contraire, généreuse jusqu'à la prodigalité. Mais on menace d'un nouvel appel de fonds la caisse municipale ; car, tout en louant le zèle des gendarmes, on répète déja avec une certaine affectation dont il est facile de deviner le calcul, que la garde municipale ne peut suffire, malgré son augmentation récente, aux nécessités toujours croissantes de son service ; il est question d'ajouter *cinq ou six cents hommes* à son effectif actuel, et même, s'il faut en croire des bruits qui s'accréditent, cette garde aurait aussi un certain nombre d'hommes destinés au service de *l'artillerie* ; elle aurait enfin ses *artilleurs* et sans doute ses *canons.* Il est probable que ce seront ceux qu'on a retirés il y a tantôt dix ans, à la garde nationale de Paris, et qu'on ne lui rendra jamais.

« Mais, pour préparer l'opinion publique à cette augmentation, à ce complément d'organisation militaire pour la garde municipale, on commence à trouver que la *garde nationale* de la bonne ville de Paris est soumise à un service trop pénible, et qu'il est bien temps de l'alléger, d'accorder quelque repos aux soldats citoyens, surtout pendant la mauvaise saison, où le labeur nocturne des patrouilles est fort pénible. Ainsi la garde nationale verrait incessamment réduire son service à un certain nombre de postes d'honneur, et cèderait la plupart de ses corps-de-garde et de ses guérites aux soldats municipaux.

« Il y a, du reste, long-temps que le gouvernement médite cette modification, qu'on appelle hautement en certain lieu une utile réforme. »

A la rentrée de la Cour à Paris, le *Commerce* (8 déc.) dit :

« Le château est présentement gardé par quatre casernes d'infanterie et de cavalerie, 18 postes et 64 sentinelles ; total : 6,000 hommes.

Le *Commerce* du même jour parle ainsi du *Mont-Valérien* :

« L'hiver n'a pas apporté de ralentissement dans les travaux de terrassement pour l'érection de la citadelle du *Mont-Valérien*, qui sont poursuivis sans nul relâche par les ouvriers civils et militaires. Le centre d'activité de ce grand chantier est présentement au bastion de Saint-Cloud. Pour ériger ce bastion, il a fallu démolir une partie du village qui était si gracieusement jeté sur la côte vers le Midi. Le revêtement de tous les autres bastions, le nivellement du plateau, la place d'armes, la porte de la citadelle tournée vers Paris, dans l'axe de la route qui va descendre au bois de Boulogne, la poudrière et les logemens militaires sont à peu près terminés. Quelques mois encore de travaux, et l'une des plus puissantes citadelles du monde sera terminée. »

A l'occasion des fusils doubles, pour la Garde municipale, le *Populaire* du 11 septembre disait :

« Les sous-officiers de la Garde municipale sont armés de fusils *doubles* avec des baïonnettes en forme de couteau ou de poignard. On assure que le corps entier, et même les officiers, auront des armes pareilles. Quel horrible progrès dans l'art de donner la mort ! Quelle affreuse destination chacun de ces fusils doubles, chacune de ces baïonnettes, couteaux ou poignards indique à celui qui le porte et à celui qui le voit porter ! Quelle malheureuse mission pour un garde qui s'appelle *municipal* ! Si c'est une nécessité pour le Pouvoir, combien ne doit-il pas trouver cette nécessité cruelle ! Que de choses dit ce fusil double et ce couteau au bout du fusil ! Quoi ! c'est là le remède, c'est là le salut ! Ah ! que d'incapacités, que de fautes cette prévoyance de guerre civile révèle au monde entier ! Société barbare, voilà donc ton ordre, voilà l'amour que tu inspires à une portion des gouvernés pour les gouvernans, et aux gouvernans pour une portion des gouvernés. »

Aussi, voyez comme la Garde municipale elle-même est effrayée ou plutôt dégoûtée ! Voici ce que disent les journaux :

« On remarque un grand refroidissement parmi les militaires qui composent la Garde *municipale* de Paris. Plus de 200 soldats de ce corps, dont les congés expiraient le 31 décembre, ont demandé à rentrer dans la vie civile. Ces refus de service multipliés préoccupent vivement les chefs. »

Revenons maintenant à Barcelone et au bombardement ; et, devançant les discussions qui s'ouvriront bientôt aux trois grandes tribunes de l'Europe, tâchons de bien préciser et caractériser les faits, et d'enregistrer les leçons qu'ils nous donnent.

CHAPITRE VI. — Appréciation des faits.

Comme il s'agit d'un bombardement et d'un embastillement, c'est-à-dire d'une des plus grandes barbaries passées et du plus grand des dangers futurs, nous voulons nous exprimer sans contrainte et dire toute notre pensée : mais nous voulons aussi ne jamais sortir du cercle du droit de discussion dans l'intérêt public; et quand nous parlerons des fautes de notre Gouvernement, nous déclarons que nous n'entendrons jamais parler que des Ministres, parce que la loi constitue les Ministres seuls responsables. Et cette responsabilité peut suffire ; car Espartero lui-même n'aurait pas pu bombarder Barcelone ni faire reconstruire sa citadelle , si son ministre Rodil avait donné sa démission plutôt que d'obéir au Régent ordonnant le bombardement et la reconstruction , et si personne n'avait assez méprisé la responsabilité ministérielle pour accepter la place de Rodil et faire ce que celui-ci n'aurait pas voulu faire. Si , comme en Angleterre , on avait, en France, condamné et exécuté quelques Ministres criminels , les Régents et les Rois n'en trouveraient guères pour accomplir leur volonté quand elle est nuisible , et l'on verrait que , dans un gouvernement vraiment représentatif, l'inviolabilité royale aurait peu d'inconvéniens avec la responsabilité ministérielle. C'est aux Ministres à ne faire que ce qu'ils approuvent, et c'est aux Chambres à surveiller et à réprimer les Ministres.

I. — Espartero a-t-il provoqué l'insurrection?

Cette provocation serait si infernale qu'on peut hésiter à y croire. — Mais Espartero s'est toujours montré si féroce! Le bombardement est si barbare ! Les Régens et les Rois admettent si aisément tout ce qu'ils croient être leur intérêt ! On a vu tant de Gouvernemens provocateurs, pour être bourreaux, afin de terrifier !

Dans tous les cas, il paraît certain qu'il connaissait le projet d'insurrection ; qu'il aurait pu le déjouer , mais qu'il le désirait; qu'il l'a laissé s'organiser et se développer pour avoir la satanique jouissance de bombarder , dans l'espérance d'être tranquille ensuite, de conclure son traité de commerce, et de marcher ensuite à la dictature. Du reste écoutons les *Débats*:

« Beaucoup d'Espagnols prétendent que le mouvement de Barcelone était prévu et désiré par le régent. On en parlait depuis deux mois à Madrid comme d'un événement prochain. Les autorités de Barcelone laissait un libre cours à la turbulence de la milice. Le journal le *Républicain* n'était pas poursuivi , malgré son programme quotidien de révolution. Enfin, le jour du combat dans les rues, des généraux se sont retirés sur les forts après trois heures seulement de résistance, et Van Halen aurait évacué la ville ainsi que la citadelle sans y être contraint par la force. Le soulèvement, ajoute-t-on, devenait nécessaire pour dompter d'avance la Catalogne et lui faire subir les nouveaux tarifs. *Tout cela aurait été* CONCERTÉ *dans l'intérêt de l'industrie étrangère.* On a même remarqué que le bombardement n'avait été retardé que pour attendre les vaisseaux anglais, puisqu'il a commencé aussitôt leur apparition dans la rade. »

Beaucoup de Journaux parlent dans le même sens.

Relisez d'ailleurs le *Morning-Post* (p. 22).

Un Régent et presque un Roi Espagnol se plaire ainsi à humilier, à écraser une province Espagnole !!!

II. Le Gouvernement anglais a-t-il provoqué l'insurrection ?

Pourquoi ne l'en soupçonnerait-on pas, s'il pouvait croire que c'était son intérêt ?

Il soupçonne bien et accuse même le gouvernement français d'avoir organisé l'insurrection pour bombarder Espartero si elle pouvait, pour exciter l'armée à la trahison et à la révolte contre son chef, pour allumer la guerre civile et exterminer s'il le fallait, les Espartéristes résistant les armes à la main ! Puisqu'il accuse Christine et le gouvernement de France, d'un crime qui renferme tous les crimes, on peut bien le soupçonner, lui, d'avoir machiavéliquement provoqué l'insurrection pour la bombarder, afin d'avoir son traité de commerce !

Certainement si Espartero a provoqué cette insurrection, le Gouvernement Anglais est son complice.

Quoi qu'il en soit, il a très bien connu les projets d'insurrection et s'en est réjoui, en se préparant à aider le bombardement.

C'est à peu près la même chose ! D'ailleurs, s'il n'est pas prouvé qu'il a provoqué, est-il douteux qu'il soit intervenu dans le bombardement ?

III. Les Anglais sont-ils intervenus pour le Bombardement ?

Les faits nombreux que nous avons déjà cités prouvent indubitablement cette intervention. En voici d'autres preuves :

D'abord, l'intérêt du Gouvernement anglais est évidemment de plaire à Espartero et de lui accorder tout ce qu'il demande ; et l'on sait que ce Gouvernement ne recule jamais devant un bombardement qui lui paraît nécessaire : la côte d'Amérique, Copenhague (en Danemarck), Toulon (en France), les gallions espagnols sur l'Océan, l'Inde, l'Afghanistan, la Chine, Beyrouth et Saint-Jean-d'Acre, disent au monde ce qu'il sait faire !

Ensuite, écoutez le correspondant de la *Presse* à Madrid :

« Je viens d'apprendre de *source certaine* que le Régent, aussitôt après avoir reçu le courrier de Barcelone, a fait appeler M. Aston, ministre d'Angleterre ; qu'il a eu avec lui une fort longue conférence ; et qu'il y a été arrêté que, cette nuit même, l'envoyé britannique expédierait un courrier extraordinaire pour Gibraltar avec l'ordre de faire immédiatement partir tous les bâtimens de guerre de S. M. B., lesquels devront, en arrivant à leur destination, se mettre à la disposition des autorités espagnoles, et exercer au besoin contre la ville rebelle tous les actes d'*hostilité* qui seront requis par ces autorités. Je vous répète que j'ai toute certitude de cette disposition. »

Il est vrai que le *Patriota* de Madrid, journal du Régent, dément expressément la nouvelle que dix bâtimens de guerre anglais, qui se trouvaient à Malte, avaient reçu l'ordre de se tenir prêts à partir pour Barcelone, afin d'aider au bombardement. — Mais que prouve ce démenti ? Et pourquoi le Régent croit-il nécessaire de démentir un pareil bruit ?

Aussi, la *Presse* soutient qu'il y a intervention anglaise.

« Pour qui sait, comme nous, la vérité des projets d'intervention de l'Angeterre à Barcelone, les efforts que fait le ministère pour cacher cette vérité sont inconcevables. Ainsi, afin que ni la France ni l'Espagne ne pussent douter de l'accord conclu à cet égard entre Espartero et M. Aston, le *Formidable* est venu s'ensabler en vue de Barcelonne et n'a dû son salut qu'aux efforts de notre marine. Mais ce n'est pas tout : pour l'arracher aux sables où il s'était engravé, il a fallu le décharger, et, pendant deux jours, on en a extrait des canons et des munitions de guerre de toute espèce, qui ont mis en pleine évidence les projets d'intervention ; car ce n'est pas sans doute pour fournir des moyens de transport à ses nationaux que le vaisseau anglais s'était ainsi rempli d'armes et de munitions.

« Il y a pis que cela, c'est que l'intervention *a eu lieu* à la faveur du sinistre même du *Formidable*. En effet, les canons et les munitions qui en ont été tirés pendant deux jours ont été *transportés au fort du Mont-Jouy*, de sorte que si la soumission de Barcelone n'avait pas lieu et qu'Espartero en fît le siège, c'est *à l'aide des canons et des munitions de l'Angleterre* qu'il battrait la ville et *détruirait ses manufactures*. Tandis que la France ne songe qu'à protéger et à sauver les émigrans espagnols de tous les partis, l'Angleterre apporte la poudre et les canons qui doivent *ruiner l'industrie catalane*, et, en présence de ces faits, le ministère français, pour se dispenser de prendre *parti contre cette odieuse invasion de l'Angleterre*, s'épuise à chercher les moyens de la dissimuler. Dieu veuille que cette malheureuse affaire soit bientôt terminée, car elle poserait de *terribles questions !*

Revenant à la charge, la *Presse* ajoute :

« La nouvelle de la coopération navale offerte par le ministère anglais à Espartero est confirmée par une lettre particulière de Madrid, publiée dans le *Mémorial bordelais* du 26. D'après cette lettre, M. Aston n'aurait pas seulement offert l'aide de la marine anglaise, mais aussi des secours pécuniaires pour parer aux dépenses urgentes. Cet empressement de M. Aston prouve que ses instructions diplomatiques tendent à obliger Espartero, afin d'arriver par tous les moyens au traité de commerce qui se poursuit depuis 1839 par le cabinet de Saint-James. »

Puis la *Presse* s'écrie :

« La conduite de l'Angleterre dans les derniers événemens de Barcelone, dont elle a été la *cause principale*, sera jugée en France et en Espagne. »

Tous les récits sont conformes. L'un dit :

« Le vaisseau anglais qui a sombré sur les côtes de Barcelone, n'a éprouvé ce malheur que parce qu'il voulait se rapprocher autant que possible de l'armée de Van Halen, et c'est lui qui lui a prêté des officiers et des projectiles. »

Un autre dit aussi :

« Ce sont des officiers *anglais* qui étaient aux batteries de Mont-Jouy ; et les projectiles, surtout les fusées à la Congrève qui ont causé des incendies, étaient sortis de leurs vaisseaux.

» Aussi le quartier où se trouve la maison du *consul anglais* n'a pas souffert ; mais une bombe est tombée sur celle du *consul français*, et un boulet a traversé son mur de face.

D'autres ajoutent des circonstances remarquables :

« On a remarqué que pendant et avant le bombardement, le télégraphe de Mont-Jouy correspondait avec le vaisseau *Rodney*, au moyen de *signaux particuliers*, que ni la place ni les vaisseaux français ne comprenaient.

» Dès que les vaisseaux anglais, qui se tenaient devant le port, ont eu connaissance de la soumission de Barcelone, les commandans de ces vaisseaux ont fait tirer des salves d'artillerie en signe de *réjouissance*, auxquels les suppôts d'Espartero ont répondu des hauteurs de Mont-Jouy. »

Bien plus : toutes les correspondances s'accordent à dire que les vaisseaux anglais s'apprêtaient à bombarder eux-mêmes ;

« Les vaisseaux anglais étaient prêts à en fournir au besoin, et même à tirer aussi sur la ville, si la résistance avait continué, et déjà ils avaient fait à bord leurs dispositions dans ce but. Ce qu'il y a de certain, c'est que les officiers de Van Halen ont eux-mêmes accrédité cette version et affirmé que les forces navales *anglaises* étaient là pour coopérer activement avec eux. »

Oui, le fait de l'intervention anglaise paraît certain ; mais cette intervention est-elle donc si extraordinaire et si criminelle ? Voyons un peu.

Cependant, voyons d'abord si le Régent est criminel en appelant l'intervention anglaise.

IV. Le Régent est-il criminel en appelant l'intervention anglaise ?

Distinguons le Peuple Espagnol, les Peuples en général, et les Rois ou les Gouvernemens.

Aux yeux du Peuple Espagnol, qui a une constitution, aux yeux de tous les Peuples, qui ne reconnaissent de droit que dans la souveraineté nationale, le Régent, appelant l'intervention anglaise contre Barcelone, est certainement violateur de la constitution comme Charles X, traître et criminel comme Louis XVI ; et si l'Espagne entière l'expulsait ou le condamnait solennellement comme ici la France a expulsé Charles X et condamné

Louis XVI, les Peuples ne crieraient pas contre l'expulsion ou la condamnation.

Les Partis peuvent bien vouloir se combattre, s'exterminer même, dans la guerre civile, toujours susceptibles d'ailleurs d'écouter la voix de la raison ou de la nécessité qui leur crient qu'ils sont frères et qui les exhortent à s'embrasser en frères : mais, dans la détestable organisation des sociétés actuelles, l'étranger est toujours un ennemi, qui ne voit que son intérêt personnel, et qui n'intervient que par égoïsme, toujours prêt à sacrifier le Parti contre lequel on l'appelle et même le Parti qui l'appelle.

Aussi, le sentiment le plus universel chez les Peuples, c'est la haine et l'horreur de l'intervention étrangère; et l'acte qui paraît le plus lâche, le plus traître, le plus odieux, c'est l'appel de l'étranger.

L'Espagne, représentée par ses Cortès, n'a pas autorisé et ne pouvait pas autoriser l'appel des Anglais contre Barcelone et la Catalogne; car si l'insurrection était faible, si elle n'était qu'une minorité facile à vaincre, à quoi bon appeler les Anglais? N'aurait-ce pas été une lâcheté inutile ? Et si l'insurrection était la majorité, si elle était la plus forte et la plus courageuse, n'aurait-ce pas été un crime d'appeler l'étranger pour soumettre la majorité à la minorité, la force à la faiblesse, le courage au manque de courage? N'aurait-ce pas été encore une lâcheté? Non, la Nation qui s'est acquis une gloire immortelle par son héroïque bravoure, en résistant à Napoléon, ne pouvait pas vouloir se déshonorer en appelant lâchement les Anglais contre l'insurrection, faible ou forte !

Et ce que l'Espagne ou ses Cortès n'ont pas autorisé et ne pouvaient pas autoriser. Espartero n'a certainement pas eu le droit de le faire : en appelant les Anglais sans le consentement de l'Espagne, malgré elle, il a commis un acte de lâcheté, de trahison, d'usurpation et de tyrannie, comme s'il appelait les Anglais contre les neuf-dixièmes de l'Espagne, ou contre l'Espagne entière.

Et qu'il ne dise pas que le progrès de l'insurrection lui imposait la nécessité d'appeler l'étranger ; car plus l'insurrection est rapide et générale, plus elle manifeste la volonté nationale, moins il est permis d'appeler l'étranger pour la combattre, puisqu'alors ce serait appeler la nation elle-même.

Aux yeux de l'Espagne et des Peuples, c'est donc un crime pour Espartero, d'avoir appelé les Anglais contre Barcelone.

Mais aux yeux des Rois et des Ministres, c'est autre chose : Quel reproche pourraient adresser au Régent, à ce sujet, Christine et ses amis, la légitimité et la restauration ainsi que leurs soutiens, le voyageur à Gand et tous ses partisans ? On devine ce qu'Espartero pourrait leur répondre !

Voyons maintenant si l'intervention anglaise est criminelle.

V. — L'intervention anglaise est-elle criminelle?

Aux yeux des peuples, oui certainement ; car le gouvernement anglais est complice d'Espartero, comme celui qui fournit l'arme à l'assassin, comme le recéleur est complice du voleur.

Mais comment les Rois ou les Régens, ou les Gouvernemens ou leurs journaux, peuvent-ils reprocher au Gouvernement Anglais son intervention ? Est-ce qu'ils n'agissent pas tous de même? Est-ce qu'il n'y a pas eu d'autres interventions, et beaucoup ? Est-ce que les Rois de l'Europe ne sont pas intervenus pour Louis XVI et pour Louis XVIII, contre la nation française? Est-ce que Louis XVIII n'est pas intervenu pour Ferdinand contre la révolution espagnole ?

Sans doute les peuples peuvent dire au Gouvernement Anglais: « Vous êtes une aristocratie égoïste, cupide, insatiable ; vous êtes l'égoïsme incarné ; vous voudriez subjuguer, exploiter ; dépouiller l'univers, le rendre votre vassal, votre tributaire, votre esclave. C'est injuste, inique, révoltant. — Et tous les moyens vous sont bons ; vous n'avez ni foi, ni loi ; ici vous combattez l'insurrection, là vous la défendez, suivant votre intérêt. Pour vous enrichir, vous affameriez, vous empoisonneriez, vous bombarderiez, vous réduiriez en cendres et en ruines le monde entier! Et si vous prétendez que vous avez le droit d'agir ainsi, reconnaissez du moins que nous avons aussi le droit de mépriser, de haïr, d'exécrer votre égoïsme et votre inhumanité. »

Mais quand le Gouvernement Français et ses journaux reprochent au cabinet anglais son intervention, Victoria et ses journaux ne peuvent-ils pas leur dire : « Mais vous faites absolument comme nous ! Vous ne cherchez que votre intérêt ! Tous les moyens vous sont bons ! Il est vrai que nous voulons dominer en Espagne ; mais vous aussi ! Nous soutenons Espartero contre Christine ; mais vous soutenez Christine contre Espartero ! Tant pis pour vous si vous êtes maladroits ! Nous ne sommes chargés que des intérêts de l'Angleterre, et nous les défendons ; tant pis pour vous et pour la France si vous ne savez pas défendre les siens ! — Ne parlez pas même d'inhumanité ; car si nous aidons Espartero à bombarder Barcelone, n'avez-vous pas sournoisement aidé Christine et O'Donnel à bombarder Pampelune? Et si, comme nous l'affirmons, vous avez fomenté l'insurrection de Barcelone, n'avez-vous pas voulu toutes les conséquences de cette insurrection, des fusillades, des mitraillades, et un bombardement entre Espagnols ?

Mais laissons les Gouvernemens s'accuser réciproquement, et voyons les fautes que la France peut reprocher au sien en Espagne.

VI. — Fautes du Gouvernement Français en Espagne.

La France a d'immenses avantages sur l'Angleterre : celle-ci, ne pouvant se suffire avec son territoire, a besoin de sucer les autres peuples et se trouve condamnée à être égoïste et rapace ; celle-là, trouvant dans son sol et dans son industrie tout ce qui lui est nécessaire, peut aisément être juste et généreuse.

Aussi, la France est naturellement bienveillante et sympathique pour tous les Peuples ; elle est leur amie et leur sœur ; elle n'a besoin d'en conquérir ou d'en dominer aucun ; elle leur offre à tous son amitié fraternelle et son alliance ; elle veut respecter leur indépendance et leur liberté comme elle veut qu'on respecte les siennes.

Si son Gouvernement avait, comme c'était son devoir, consulté ses vœux et son intérêt, il aurait respecté la Révolution Espagnole et traité son Régent avec égards; il lui aurait offert l'appui comme l'alliance et l'amitié de la Nation Française. Alors, Espartero n'aurait jamais eu la pensée de se jeter dans les bras de l'Angleterre et d'être hostile à la France. Mais le Gouvernement Français a sacrifié l'intérêt de la France à l'intérêt d'une famille : parce que Christine est parente de la famille d'Orléans, parce qu'on voulait sa fille Isabelle pour femme du Duc d'Aumale, on a pris parti pour Christine contre la Nation qui l'a chassé, et contre Espartero qui la remplace, pour la contre-révolution contre la Révolution ; on a déclaré une guerre à mort au Régent, favorisant ouvertement (c'est notoire en Europe) les conspirations et les insurrections qui menaçaient son existence; on l'a forcé pour ainsi dire de se jeter à la tête des Anglais.

Le *Constitucionnal* de Barcelone dit formellement :

« C'est la France elle-même qui se plaît, dit-il, à jeter l'Espagne dans les bras de l'Angleterre. La France a mis Espartero dans la dure nécessité de tourner ses vues vers la Grande-Bretagne. C'est l'Angleterre qui nous tue, c'est la France qui nous a livrés au bourreau. Les triomphes alternatifs des partis en Espagne ne sont, en dernière analyse, que le triomphe alternatif de la France et de l'Angleterre. »

C'est une faute incalculable et presque un crime envers la Nation Française; car si l'Espagne devenait Anglaise, ce serait un immense péril pour la France,

Et si, pour empêcher un traité de commerce qui consommerait l'alliance Anglaise, les fautes du Gouvernement ne lui ont plus laissé d'autre moyen que celui de fomenter l'insurrection de Barcelone, s'il l'a réellement fomentée, comme l'en accusent Espartero et les Anglais, c'est une nouvelle faute bien plus grave encore, car cette faute peut amener enfin la guerre en irritant profondément les Anglais.

VII. — Brouillé avec les Anglais.

Que le Gouvernement français se soit efforcé d'obtenir, par les voies ordinaires, la faveur de l'Espagne et d'Espartero, la main d'Isabelle et l'alliance de la nation, et d'empêcher par là le traité de commerce avec l'Angleterre, c'était tout simple, c'était de bonne guerre ; et le Gouvernement anglais, tout mécontent qu'il en aurait été, n'aurait pu s'en fâcher.

Mais chercher à empêcher le traité de commerce par une insurrection contre Espartero et presque contre l'Angleterre, exciter la fureur des Espagnols contre les Anglais et leurs marchandises, les faire dénoncer au monde entier comme un.peuple inhumain, barbare, rapace, spoliateur et assassin du Portugal, exciter contre eux le mépris et la haine des Nations en rappelant tous leurs bombardemens, c'est autre chose ; c'est agir en ennemi, c'est traiter en ennemi.

Or, parlons net : tout ce que nous savons, le cabinet anglais le sait, et il sait une foule de choses que nous ne savons pas ; il a tous les moyens de tout savoir, et il sait tout ce qui se fait, tout ce qui se dit ou se pense chez chaque ministre, aux Tuileries, au Conseil, à la Cour, chez chaque membre de la famille, chez les Directeurs des *Débats*, de la *Presse*, puis à Perpignan, puis à Barcelone, et chez le Consul de France, puis à Madrid, etc.

Si donc c'est le Gouvernement français qui pousse au mépris et à la haine des Anglais, Victoria et ses ministres le savent parfaitement bien.

C'est là un fait nouveau, un fait grave, une hostilité profonde, dont on peut prévoir toutes les conséquences, qui doit blesser, ulcérer, inquiéter l'aristocratie britannique.

Si elle obtient son traité de commerce, elle se contentera de nous faire injurier par ses journaux, en saisissant toutes les occasions de nuire sourdement à la France ; si elle ne peut l'obtenir, son irritation sera violente.

La guerre n'est pas déclarée ; mais c'est maintenant que l'alliance est bien rompue !

Et cela parce que, dans un intérêt dynastique, on aurait fomenté l'insurrection de Barcelone ! — Mais examinons si la guerre est inévitable.

VIII. — La guerre est-elle nécessaire entre la France, l'Espagne et l'Angleterre ?

Nous avons vu Guttierez, Espartero, toute la presse ministérielle espagnole, et la presse ministérielle anglaise, accuser le consul de France et le gouvernement français qui l'approuve et le récompense d'avoir fomenté l'insurrection et excité les Espagnols à la haine contre Espartero et contre les Anglais.

A la nouvelle que le Roi des Français vient d'accorder à son consul la croix d'officier de la légion-d'honneur, le *Constitucionnal* de Barcelone (qui a accusé le consul d'avoir soudoyé l'insurrection) s'écrie :

« Quel scandale! nous avions prouvé, jusqu'à l'évidence, la connivence du consul français avec les révoltés. L'induction qu'on peut tirer de la récompense accordée par Louis-Philippe à cette connivence n'est-elle pas flagrante? Est-il une prime plus ignominieuse que celle qui s'obtient en provoquant des désordres et en faisant verser le sang des soldats fidèles et de malheureux patriotes égarés? »

La presse espagnole est également furieuse contre la récompense accordée au consul.

La presse anglaise conseille au Régent de demander formellement au gouvernement français le rappel de son consul ou de lui retirer lui-même l'autorisation de rester en Espagne, ce qui serait une déclaration de guerre.

De son côté, la presse ministérielle française soutient le consul, crie que les accusations publiées contre lui sont un *outrage à la France*, et demande le châtiment du chef politique qui l'accuse, ou la guerre contre l'Espagne.

C'est *la Presse* surtout qui demande la guerre :

« Que l'on ne s'inquiète pas, dit-elle, dans l'intérêt de la France, d'une rupture que la folie d'Espartero vient de rendre nécessaire... Il n'y a pas aujourd'hui à reculer : la France est outragée ; il lui faut une réparation égale à la gravité de l'offense ; il la lui faut prompte et complète. »

Mais elle ne déguise pas que la guerre aurait pour but de renverser la Révolution avec Espartero, et de rétablir la Contre-Révolution avec Christine : car elle ajoute :

« Espartero tomberait : la Révolution, la République future tomberaient-elles avec lui, comme le craint le *National?* Cela nous inquiète assez peu. »

Mais la guerre avec l'Espagne, ce serait la guerre avec l'Angleterre. La presse anglaise le dit nettement, surtout le *Sun* :

« Si la partie belliqueuse de la cour des Tuileries l'emporte sur la sagesse de M. Guizot, c'est un cas de guerre certain entre la France et l'Angleterre. »

Qu'Espartero, Don Carlos, Christine ou son champion, Victoria ou son champion, le maréchal Soult et Rodil, Guizot et Guttierez, le consul français et le consul anglais, se battent en duel s'ils veulent, c'est leur affaire : mais que la France, l'Espagne et l'Angleterre, que les trois Nations, que les trois Peuples (qui ne demandent qu'à fraterniser), se lancent dans toutes les dépenses et dans toutes les horreurs de la guerre, les uns pour soutenir Espartero, les autres pour soutenir Christine et la Contre-Révolution ou quelque projet de mariage dynastique, on n'aurait jamais vu folie pareille de la part des Peuples, pareil excès de la part des Gouvernemens.

Et si d'ailleurs il est vrai que le consul français ait fomenté l'insurrection, comment l'accusation dirigée contre lui pourrait-elle être un *outrage à la France ?* Ne serait-ce pas le consul qui aurait outragé l'Espagne? Ne serait-ce pas un crime envers la France, dont les Députés devraient rendre responsable le consul et surtout son ministre?

Bientôt les trois tribunes, Espagnole, Anglaise et Française, vont discuter la conduite du consul : Examinons-la rapidement.

IX. Le ministère a-t-il fomenté l'insurrection?

Espartero, Guttierez, etc., l'en accusent formellement, comme nous l'avons déjà vu (page 34) et comme nous le verrons encore.

La presse espagnole de Barcelone et de Madrid l'accuse également.

Le Cabinet anglais et la Presse anglaise l'en accusent aussi.

La presse française ministérielle et conservatrice repousse avec violence ces accusations ; la presse même de toutes les autres nuances défend avec chaleur le consul français.

Où donc est la vérité? Cherchons-la d'un esprit impartial et ferme. La vérité avant tout ! C'est d'ailleurs elle qui finira par triompher dans l'histoire, et bientôt à la tribune.

Hé bien, relisez le rapport de *Guttierez* (p. 34), publié par le *Moniteur de Madrid.* Voyons ensuite les autres documens qui peuvent éclairer la question.

Parmi les autres journaux ministériels espagnols qui rejettent sur le juste-milieu français la responsabilité des événemens de Barcelone, se distingue *l'Écho d'Aragon*, qui dit :

» Nous parlerons du Consul de France, qui a donné l'impulsion au mouvement de Barcelone. Les Français ! Louis-Philippe! Le protecteur de nos modérés ! »

Le *Constitucional* de Barcelone dit :

« Nous avons reçu de Marseille des nouvelles qui démontrent

jusqu'à l'évidence l'origine des troubles qui ont eu lieu dans notre ville. Le 14, on parlait publiquement à Marseille du mouvement qui éclata le 15 à Barcelone, et il régnait une agitation extrême parmi les *christinos* et les *carlistes*.

« Que le public reconnaisse donc quels étaient les auteurs d'un mouvement pseudo-républicain ; qu'il voie si nous nous trompons en le qualifiant de *rétrograde !* Onate était arrivé de Rome à Marseille avec un passeport français. On assurait aussi que le baron Meer se trouvait dans cette ville. »

Nous l'avons même vu (p. 47) affirmer qu'une main étrangère avait semé l'or pour corrompre des misérables. Nous l'avons vu (p. 47) affirmer encore que les factieux avaient été soutenus par une main occulte et un plan combiné.

A ce sujet, le *National* ajoute :

« En Espagne, les accusations les plus formelles et les plus graves s'élèvent contre le cabinet français et les autorités françaises. L'on y imprime dans les journaux officiels que l'émeute n'est devenue insurrection que par suite des manœuvres de notre premier agent diplomatique à Barcelone ; on y dit qu'entre ses mains, et avec l'aide du général commandant la division de Perpignan, le mouvement barcelonais n'a été qu'une tentative contre-révolutionnaire en faveur de Christine. A l'appui de cette opinion, on montre que la junte consultative était composée en majorité d'individus appartenant à la faction de Christine ; que ces individus, après avoir été embarqués par les soins du consul français, ont été de nouveau rendus à la ville, et qu'ils ont reçu le renfort de réfugiés christinos envoyés de France. »

La presse anglaise est unanime dans le même sens.

Le *Standard* s'exprime en ces termes :

« On s'attendait depuis quelque temps ici à l'émeute qui vient d'éclater à Barcelone ; et que cette accusation soit juste ou non, toujours est-il que l'on croit le ministère français l'agent occulte de ces mouvemens. On attribue cela plutôt à une jalousie commerciale qu'à une jalousie politique contre l'Angleterre, et cette émeute n'est mise en avant que pour empêcher Espartero de conclure le traité qui est depuis si longtemps sur le tapis. On s'attend à la prompte répression de l'émeute d'après la fidélité des troupes. »

Le *Morning-Chronicle* attribue tout à une volonté qui commande sans être responsable. Voici comment le *National* (du 24 décembre) analyse son article :

« Le *Morning-Chronicle* renferme aujourd'hui un très long et très curieux article que les lois de septembre nous interdisent absolument de reproduire.

» Tout ce que nous pouvons faire connaître de cette singulière élucubration, c'est que M. Guizot ignorait complètement le mouvement de Catalogne ; qu'il aurait été préparé, développé par les *agens du ministère de l'intérieur*, tout à fait inconnus aux affaires étrangères ; et, enfin, que la *police de la frontière française*

a joué un grand rôle dans l'insurrection aussi bien que M. Lesseps.

» Ces calomnies sont usées, et le ridicule en a déjà fait justice:
mais une chose nouvelle, c'est que, dans son enthousiasme pour
M. Guizot, la presse anglaise lui *sacrifie* sans pitié le *roi lui-même*.
— Nous n'avons pas à nous expliquer sur ce sujet délicat, et il
faudrait une autre liberté que celle dont nous jouissons pour
faire la part de tout le monde dans cette grave affaire.

» Mais ce n'est pas précisément ce qui nous préoccupe, et le public a sur ce point assez de données pour pouvoir se passer de
nos appréciations. Ce qui nous a frappé surtout et ce qui frappera
tout le monde, c'est que, dans cette circonstance où la presse anglaise accuse la police, le général Castellane, le consul français,
les journaux, l'opinion publique et enfin le roi, elle fasse en
même temps de nouveaux efforts pour conserver pure et sans
tache la robe d'innocence qu'elle a donnée au ministre des affaires étrangères. Si M. Lesseps a été nommé officier de la
Légion-d'Honneur, c'est un acte imprudent et brutal que M. Guizot a désapprouvé et *stigmatisé*. C'est M. Guizot qui empêche
l'intervention en Espagne, et *deux ou trois fois* il a couru le ris-
que de perdre sa place pour avoir émis de sages conseils. Le
Chronicle l'assure et dit même qu'il pourrait nommer la maison
où il a connu ces détails intimes.

» Si ces faits sont vrais quel rôle joue donc M. Guizot ? Est-il
chargé par hasard de désavouer dans les conversations ce qu'il
approuve en conseil ? tient-il tellement à l'estime de l'Angleterre
qu'il lui fasse le sacrifice de tous ses devoirs ? Ce qu'il y a de
bien certain, c'est que ces révélations du *Morning-Chronicle* ont
sous ce rapport une *gravité* qui frappera tous les esprits. Jusqu'à
présent les journaux anglais ont reçu les confidences du ministre
des affaires étrangères, et leurs correspondans à Paris jouissent
de leurs grandes entrées dans son cabinet. Les détails dans lesquels entre le *Morning-Chronicle* prouvent qu'il a puisé à des
sources ministérielles. Il faut espérer que M. Guizot jugera convenable de donner sur ce point quelques éclaircissemens. »

Ainsi le journal de lord Palmerston, un journal qui peut être
bien informé, affirme que c'est le Ministre français de l'intérieur
qui a organisé l'insurrection pour obéir à une volonté suprême,
à l'insu de M. Guizot !

Pour nous, il nous est impossible de douter que l'insurrection
n'ait été préparée et organisée par Christine et les Christinos,
de concert avec le Gouvernement qui les protége, avec son appui,
avec le secours de ses agents ... C'est pour nous l'évidence !

Tous les faits anciens et nouveaux indiquent effectivement la bienveillance du ministère français dans la conspiration des Christinos, son dévoûment notoire à Christine, sa tolérance notoire dans les conspirations et les insurrections précédentes, l'intérêt dynastique de son maître, son intérêt politique contre-révolutionnaire, son intérêt commercial

à empêcher le traité de commerce avec l'Angleterre, sa haine manifeste contre Espartero, ne permettent pas de douter de sa conduite ici.

Et s'il est vrai que Perpignan, la frontière, Marseille aient été tout récemment des foyers christinos ; s'il est vrai (comme l'affirment les journaux ministériels de Madrid) que beaucoup de conspirateurs aient obtenu des passe-ports pour s'y rendre de divers points de la France ; s'il est vrai surtout que les Généraux christinos. . . . . aient été transportés en face de Barcelone sur des navires français, comment ne pas croire à la complicité du Cabinet français ?

Le langage seul de la presse ministérielle suffirait pour en convaincre ; car les *Débats*, la *Presse*, si violens ordinairement contre l'insurrection populaire, ménagent, excusent, justifient, encouragent, favorisent l'insurrection de Barcelone, et n'en parlent qu'avec intérêt et bienveillance sans jamais l'injurier.

Oui, nous voyons clairement ici une grande conspiration, une grande mystification pour la France et pour l'Europe, une grande COMÉDIE dont Christine, Carlos et le cabinet dirigeaient toutes les machines, dont les Christinos et les Carlistes réfugiés en France et à Rome avaient le secret, et dont la presse conservatrice française avait la confidence, tandis que le reste de la France ne savait rien et n'y voyait que du feu.

Et comme la comédie avait nécessairement besoin d'un Directeur à Barcelone, le Consul français, qui ne paraît qu'un serviteur ardent et désintéressé de l'humanité, n'était, nous le voyons manifestement, que le Directeur du spectacle qui s'y préparait.

Et nous hésitons d'autant moins à le dire que la France, la Nation française, le Peuple français, loin d'être intéressés à ce qu'on cache aujourd'hui la vérité (ce qui d'ailleurs est impossible), sont intéressés au contraire, ainsi que l'humanité elle-même, à ce que cette vérité soit dévoilée et proclamée ; car les conspirateurs et les comédiens, prolongeant la conspiration et la comédie, veulent entraîner dans toutes les calamités de la guerre la France, l'Espagne et l'Angleterre !

Comprenez maintenant comment Espartero, partant de Madrid pour Barcelone, pouvait exciter partout la colère de ses amis en leur apprenant qu'il avait dans son portefeuille la preuve que l'insurrection était ourdie par Christine et par une Puissance étrangère, en leur affirmant que les Barcelonais étaient les agens de cette Puissance étrangère, en leur disant qu'il allait foudroyer cette Puissance et ses instrumens !

Et voyez ! c'est cette Puissance invisible pour nous, mais visible pour Espartero, qu'il bombardait, qu'il mettait en état de siége... Ou, c'est cette Puissance qui a été bombardée par la bastille dans la personne des Barcelonais ! C'est cette Puissance qui a été fusillée, mitraillée, condamnée à rebâtir la citadelle, mais toujours dans la personne de ce pauvre Peuple Barcelonais, ignorant et trompé, instrument et victime !

Voyez comme trois ou quatre volontés (Espartero, Victoria, Carlos, Christine, le Ministre du consul français) disposent du sort de trois grandes nations ! Voyez quel exemple les Reines, les Rois et les Mnistres donnent aux Peuples, les uns organisant la conspiration, la trahison, l'insurrection, la guerre civile ; les autres bombardant, fusillant, mitraillant, ruinant....!

Philosophes, moralistes, prêtres, législateurs, parlez donc de morale, de justice, d'honneur, de loyauté, de devoir ! Soyez donc impitoyables pour les moindres fautes des pauvres ouvriers! Ah ? quelle comédie Satan joue sur la terre !

Et quel imbroglio, quelle confusion, quel chaos de contradictions, de doubles poids et de doubles mesures ! Pour un Gouvernement, suivant son intérêt politique, le même fait est blanc et noir, la corruption licite ou odieuse, l'insurrection un crime ou une vertu, le bombardement honnête ou exécrable ! Le même Pouvoir qui flétrit l'insurrection contre lui ne rêve peut-être qu'insurrection contre un autre ! Espartero et Christine conspirent et s'insurgent tour à tour l'un contre l'autre. Christine et ses complices bombardent Espartero à Pampelune, tandis qu'Espartero bombarde Christine et ses complices à Barcelone ! Le même Espartero, la même Christine, etc., sont bombardeurs et bombardés ! Le même Gouvernement qui lance l'anathème contre le bombardement ne rêve peut-être que le bombardement! Le même Ministère qui soufle ici une insurrection contre une bastille, prépare ailleurs une bastille contre une insurrection !

Voyez aussi les bastilles, servant tantôt contre l'insurrection et tantôt pour l'insurrection, foudroyant la fidélité à Pampelune, et la révolte à Barcelone !

Et toujours c'est la tête du Peuple qui se trouve écrasée par les bombes !

Quelle comédie ! Quelle mer d'iniquités ! Pauvres Peuples ! Malheureuse Humanité !

Il est vrai que, dans un long article du 24, le *Morning Post*, journal connu pour être à Londres, le confident et l'organe de M. Guizot, raconte toute la conduite du consul à Barcelone, et soutient qu'aucun de ses actes ne peut le faire soupçonner de complicité. Voici les principaux passages de cette pièce, d'autant plus importante qu'elle est publiée comme authentique et officielle.

« Il est certain que l'insurrection de Barcelone a été un mouvement essentiellement populaire et Républicain. Quant à la conduite du Consul, elle a été dictée par la justice et l'impartialité... Il n'a pas dépassé un seul instant les bornes de la neutralité loyale et humaine. »

Puis il raconte les diverses démarches du Consul, et notamment l'asile qu'il accorde sur le Méléagre, aux chefs de l'insurrection Llinas, Durando, Carsy, etc. ; et il fait alors cette réflexion bien remarquable :

» A mesure que cette émigration (des chefs des insurgés) augmentait, le parti de la résistance diminuait à Barcelone ; et sous ce rapport, les facilités données à tous ceux qui réclamaient la protection du pavillon franèais ont plutôt NUI que SERVI à la cause de l'insurrection. »

Ainsi, pour se justifier vis-à-vis Espartero, le Consul se vante d'avoir NUI à la cause de l'insurrection ! Et après avoir avoué que la Junte et le Général commandant les Atarazanas se sont adressés à lui, il ajoute un autre fait bien plus grave :

« Il est également faux que le consul ou tout autre agent du gouvernement français ait encouragé d'une manière quelconque l'insurrection. Le 2 décembre, les commandans des quatre bataillons de la garde nationale se sont rendus au consultat, déclarant qu'ils étaient délégués par leurs collègues, afin de demander s'ils pourraient compter sur l'assistance de la France dans le cas où ils proclameraient la régence de la reine Christine. M. de Lesseps leur répondit en présence du consul de Hollande qui était auprès de lui, qu'il n'était chargé que de protéger les intérêts français à Barcelone ; que, au commencement des troubles, il avait fait tout le bien qu'il avait pu, sans distinction de parti ; qu'il ne prendrait pas part aux affaires politiques ; qu'enfin, la France était trop puissante et trop loyale pour ne pas agir ouvertement contre le gouvernement du régent si elle avait contre lui des griefs, et qu'il ne serait jamais le complice d'aucune insurrection. »

Telle est la justification que donne, dans le *Morning-Post*, M. Guizot ou plutôt le Consul lui-même. — Mais le consul se garderait bien d'avouer sa complicité s'il était complice ; et le fait qu'il invoque ici nous semble l'accuser bien plus que le défendre. Que signifie, en effet, cette députation des Commandans de la Garde nationale qui veulent proclamer Christine (preuve que l'insurrection était bien Christinos) ? Pourquoi s'adressent-ils au Consul de France ? Comment peuvent-ils supposer que, dans l'état des choses, à la veille du bombardement, le Consul aurait l'autorisation d'engager la France à intervenir pour soutenir par les armes l'insurrection et Christine ? Cette étonnante démarche ne prouve-t-elle pas que les chefs de la Garde nationale connaissaient parfaitement les vœux énergiques du Gouvernement français en faveur de Christine et de ses insurrecteurs ?

7

Il est vrai encore que Carsy lui-même, arrivé à Marseille, semble n'avoir rien de plus pressé que de justifier le consul, en écrivant :

« Je ne saurais terminer sans joindre mon témoignage de *gratitude* à tous ceux qu'a mérités la noble conduite de M. le consul français. Une foule d'Espagnols ont dû *la vie* à M. de Lesseps. Infatigable pendant toute la durée de l'insurrection, il fut la *providence* des réfugiés, et tous, sans distinction de parti, trouvèrent auprès lui la même hospitalité, sans excepter les familles de Van-Halen, de Guttierez et de Zavala. Il n'appartenait qu'à la mauvaise foi de nier sur ce point le témoignage de Van Halen lui-même, et d'inventer cette fable du refus de rendre au capitaine-général sa femme et ses filles. Que l'on sache donc, puisque la presse Anglaise m'oblige à le dire, que ces personnes ne furent *enlevées* qu'à l'aide du *charitable subterfuge* de M. le consul.

« Voilà comment M. de Lesseps soutenait *politiquement* le mouvement de Barcelone ; voilà comment il se montrait le *protecteur* de notre insurrection, après en avoir été le promoteur suivant la presse anglaise. »

Mais cet empressement à justifier le consul, quand on a tant de malheurs à déplorer et tant de fautes à faire excuser, n'est-il pas bien étrange, et ne peut-il pas paraître suspect et intéressé de la part d'un réfugié qui a besoin de la faveur du Gouvernement qui lui donne asile ? Comment, d'ailleurs, Carsy peut-il parler de *gratitude* envers M. le consul qui, suivant lui, n'aurait *pas protégé* l'insurrection, et qui au contraire l'aurait perdue en lui *enlevant* ses otages par un subterfuge ? N'est-il pas possible que les otages n'aient été laissés libres que parce qu'on se croyait sûr de la défection de l'armée et du soulèvement de la Catalogue ?

X. — Espartero est un monstre.

Tout ce que nous avons vu prouve l'injustice et l'inutilité, par conséquent la barbarie du bombardement.

D'abord, l'insurrection était le résultat des *fautes* d'Espartero, de son incapacité, de son despotisme, de sa tyrannie, de son alliance avec l'Angleterre : tout le monde reconnait que cette insurrection se trouve aujourd'hui expliquée, excusée, presque légitimée ; elle était tout aussi légitime que celle contre Christine, que celle contre Ferdinand, que celle contre Charles X.

Barcelone était *unanime :* toutes les classes de la population ont pris part au mouvement, comme à Paris, en 1830 ; boutiquiers, négocians, manufacturiers, bourgeois, riches propriétaires, généraux, évêque, ont fait cause commune ; toute la Catalogne, toute l'Espagne, auraient peut-être approuvé, si elles avaient pu manifester leur volonté : et un tyran, un Néron, un

Caligula, pourrait répondre alors : « A genoux ! ou je vous bombarde, vous brûle et vous écrase ! »

Il avait donné à Barcelone et à l'Espagne un *exemple* et des *leçons* d'insurrection, en l'insurgeant contre Christine, en provoquant Barcelone] même à l'insurrection contre elle ! C'était son professeur et son maître d'insurrection !

C'est à Barcelone et à son insurrection de 1840 qu'il doit sa Régence ; et quand elle se lève parce qu'il a violé ses promesses, l'*ingrat* veut l'exterminer !

Il dit que Barcelone, surtout son peuple, facile à tromper, comme ailleurs, est *l'instrument* d'une machination étrangère : et il ne voit là aucune circonstance atténuante ! et le barbare est sans considération, sans pitié !

Il sait que le peuple est dans la *misère*, justement effrayé de la voir augmentée par le projet d'un traité de commerce : et le tigre est sans pitié !

La population s'est montrée pure de tout excès ; elle a fait honneur à l'Espagne par sa *modération* et sa *générosité* : et le tigre est sans pitié !

Elle a rendu les *otages* qui pouvaient empêcher le bombardement, espérant qu'il regarderait comme un devoir pour lui de ne pas bombarder ; c'était presque un contrat entre l'insurrection et lui : et le tigre est sans pitié !

L'insurrection échoue devant les murailles d'une bastille ; on se soumet ; qu'il propose ou qu'il accepte des conditions raisonnables, et tout est fini ; le bombardement est sans aucune espèce de nécessité : mais le tigre joint la vengeance à la férocité !

Espagnol, chef de l'Espagne, son devoir est de soigner, de conserver, d'augmenter l'honneur espagnol au dehors ; d'honorer lui-même le courage, la dignité, la fierté des Catalans, en leur accordant les conditions les plus honorables : mais comme s'il n'était plus qu'un Anglais jaloux et envieux, il veut que Barcelone se mette lâchement à genoux ! Il veut humilier la Catalogne, déshonorer l'Espagne ! Et le tigre est sans pitié !

Régent ou Roi, l'un de ceux qui s'appellent *pères* des nations, devrait, comme Henri IV, qui nourrissait les Parisiens insurgés contre lui, offrir lui-même à Barcelone tous les moyens, toutes les ouvertures, tous les prétextes, de traiter pour ramener la paix : mais il n'a le cœur ni d'un Espagnol ni d'un homme ; c'est un tigre sans pitié !

Qu'il demande même, s'il le veut absolument, une tête, deux

têtes, dix têtes, parmi celles qui seront jugées les plus inexcu-
sables, et qu'il amnistie le reste.... : mais le tigre est sans pitié!
    Quel bonheur pour lui que cette insurrection! quelle gloire,
quelle puissance elle pourrait lui donner, s'il avait le bon sens de
se montrer juste, clément, généreux, père de la Catalogne, soi-
gneux de l'honneur espagnol....! Mais ce n'est qu'un caporal ivre,
ou plutôt une bête féroce; et le tigre est sans pitié!

La capitale de la Catalogne, la seconde ville d'Espagne, la
Reine de l'industrie espagnole, représentée par l'élite de sa population, par des savans, des philosophes, l'Evêque, va lui
demander audience, pour discuter, raisonner, expliquer, justifier, excuser, implorer, supplier... et le soldat parvenu, l'ignorant, le brutal, a l'insolence de refuser sa porte! le tigre est
sans pitié!

« Officiers Anglais, brûlez les manufactures de Barcelone!
ruinez son industrie! Van Halen, Zurbano, bombardez, brûlez
tout, exterminez tout, les innocens comme les rebelles, les
femmes et les enfans comme les hommes, les malades comme les
bien portans..... Je veux rebâtir la citadelle avec leurs ossemens.
Foudroyez les amis comme les ennemis!... nous séparerons ensuite leurs cadavres!» Oui, le tigre est sans pitié!

« Frappez surtout Barcelone, punissez la ville, brûlez ses monumens, ses archives, ses bibliothèques, ses musées, ses dépôts d'hypothèques!...» Ce serait un vandale si ce n'était pas un
tigre sans pitié!

« Bien! Barcelone capitule.... entrez, désarmez, arrêtez, fusillez les soldats, fusillez les généraux, payez les délateurs pour
avoir plus de victimes! vengeance! du sang!... Et que les par-
donnés rebâtissent vite la bastille!» le tigre est sans pitié!

Quel amas d'horreurs! quelle honte pour l'Espagne et pour
l'humanité! que de calamités préparées pour elles!

En voilà-t-il des exemples et des leçons d'iniquité, d'implacable vengeance, de barbarie! Prêchez donc maintenant, faites
donc des sermons, recommandez donc la douceur, la bonté, l'indulgence, l'oubli des injures, la fraternité...! Mais, malheureux,
quand le Peuple est insurgé, armé, vainqueur, s'il faisait comme
vous!...

Et les Rois criaient tant contre les violences de notre Révolution française...! Ah! ce sont eux qui se chargent d'expliquer et
de faire comprendre ces déplorables violences qu'arrachait du

moins la nécessité de défendre l'indépendance nationale contre l'Europe entière !

Et ces Généraux qui font tant de bruit en traînant leurs sabres, qui montrent de si menaçantes moustaches, qui lèvent si haut la tête en mettant le chapeau sur l'oreille, ne sont-ils pas en réalité des lâches dans la guerre civile, eux qui n'ont de courage que contre des citoyens désarmés quand ils sont eux-mêmes armés jusqu'aux dents, ou dans leurs bastilles et derrière leurs canons, et qui fuient quand ils n'ont pas une immense supériorité en nombre et en armes ?

Et vous voyez combien elle est humiliante et effroyable cette puissance militaire, orgueilleuse, insolente, vindicative, qui ne raisonne pas plus qu'un sabre et qu'une bombe, et qui n'écoute ni justice, ni morale, ni humanité !

Mais l'indignation qu'excitent tant d'atrocités épuise à la fin : terminons.

Nous avons vu la presse, unanime dans ses imprécations contre Espartero, l'appeler un *bourreau*, un *boucher*, pire que *Néron*... Désormais, pour dévouer un nom à l'exécration de la Postérité, on pourra dire : c'est *un Espartero* !

XI — C'est la Bourgeoisie qui doit le plus maudire Espartero.

Gardons-nous d'être des autruches qui croient que le chasseur ne les aperçoit pas parce qu'elles cachent elles-mêmes leurs yeux sous leurs ailes. Ouvrons bien les nôtres, au contraire, pour bien voir le mal, tout le mal, le danger, tout le danger, et y chercher des remèdes. Et le premier remède qui se présente, c'est de maudire bien haut la barbarie d'Espartero.

Et ce sont surtout les bourgeois, les riches, tous ceux qui se séparent du Peuple, qui doivent l'accabler de malédictions.

Car la misère est générale, profonde, horrible, et fait partout des progrès effrayans. Ce sont les traités de commerce et les droits d'octroi qui occasionnent les insurrections ; ce sont les traités d'union douanière, les traités de droits de visite, les questions de sucre, de vin, etc., etc., en un mot les questions industrielles, commerciales, financières, sociales, qui excitent aujourd'hui les murmures, les plaintes, le désespoir.

Si la misère et le désespoir amènent des émeutes (puisse le peuple avoir le bonheur de les éviter !), on pourra bien en bombarder, en écraser, une, deux, dix.... Mais si la misère et le désespoir amènent l'émeute et le bombardement, le bombardement n'augmentera-t-il pas la misère et le désespoir, et ne ramènera-t-il pas l'émeute ?

Tant va la cruche à l'eau qu'à la fin elle 'se casse, dit le proverbe : à force d'émeutes écrasées, ne peut-il pas ʻarriver une émeute ou une insurrection et une révolution populaire victorieuse ? Cela ne s'est-il jamais vu sur la Terre, ni à Paris, ni à Londres, ni à Bruxelles, ni à Varsovie, ni à Madrid, ni à Barcelone.... ?

Ah! puisse le Peuple ne jamais souiller sa victoire par la vengeance, la spoliation et la cruauté! Ce ne sont pas seulement l'humanité, la générosité, la justice même qui le lui crient; c'est aussi la raison, c'est son intérêt, oui son intérêt, son plus profond intérêt.... Et nous le connaissons trop bien, nous avons trop confiance en ses vertus quand on peut lui faire entendre la vérité, pour ne pas espérer qu'il renouvellerait, aujourd'hui plus que jamais, son héroïque générosité des trois jours à Paris et des dix-sept jours à Barcelone.

Mais, enfin, s'il suivait à la lettre les proclamations, les décrets, les ordres, les décisions, les leçons des Guttierez, des Van Halen, des Zurbano, des Espartero; s'il admettait la loi du *talion* et des *représailles*..... Il a bien, on le sait, une autre puissance que tous les Espartero du monde....! Ce serait bien une autre tempête que le bombardement de Barcelone (quoique les abbés qui rédigent l'*Union catholique* la prévoient sans effroi).... La *Phalange* avertit assez souvent (pag. 36) ceux qu'engouffrerait alors le cataclysme!

Heureux du siècle, c'est donc vous surtout que compromet la barbarie d'Espartero; c'est de vous surtout qu'il est réellement l'ennemi; c'est donc à vous surtout à maudire, à flétrir, à condamner tous les Espartero passés, présens et futurs!

XII. — Malédictions des Conservateurs contre le bombardement.

En Espagne et en France, les Conservateurs (christinos et carlistes, bourgeois et aristocrates), fulminent contre le bombardement, contre l'état de siége et ses décrets, qu'ils appellent des horreurs, des atrocités, des barbaries; ils fulminent contre les Anglais qui ont aidé le bombardement et surtout contre Espartero, qu'ils appellent un ingrat, un tyran, etc., etc.

Nous prenons acte de ces opinions et de ces sentimens. Puissent-ils être un gage de leur modération et de leur humanité pour l'avenir! mais voyons ce que leur répondent, en substance, Espartero et les Anglais.

XIII. — Réponse d'Espartero aux Conservateurs.

Que les radicaux ou les républicains français m'attaquent, leur répond ou peut leur répondre Espartero, je le conçois; ce sont des brouillons qui ne sont jamais contens! Mais vous, Ministres, Ministériels, Dynastiques, Conservateurs, Juste-Milieu, je n'y comprends rien, ou plutôt vos attaques m'indignent et me révoltent.— Quoi! Il vous sied bien de m'accuser! Est-ce qu'il est un seul de mes actes dont vous ne m'ayez pas donné l'exemple? Est-ce qu'il est un seul d'entre vous qui n'ait fait ou approuvé en France tout ce que vous me reprochez en Espagne? Je ne parle pas de votre maître à tous, parce qu'il est censé ne rien faire, parce qu'il n'est responsable de rien (quoique vous ne respectiez guère, vous autres, ma propre inviolabilité); mais je m'adresse à vous, Ministres français, Ministériels français, Dynastiques français, Juste-Milieu français, Conservateurs français : voyons un peu!

Quoi! vous osez m'appeler ingrat! imprudens que vous êtes! Mais n'êtes-vous pas sortis presque tous des barricades de juillet ou de la République antérieure? Que seriez-vous sans elles? Ne leur devez-vous pas tout: honneurs, pouvoir, fortune? Et cependant qu'avez-vous fait de votre bienfaitrice? Où sont vos hommes de juillet? Quel est le plus grand des ingrats? N'est-ce pas ce petit Thiers qui sacrifie sa mère? Le plus grand des ingrats n'est-il pas ce vieux Soult, que la Révolution a pris si bas et qu'elle a élevé si haut?— Mais passons.

Vous osez m'appeler révolutionnaire, vous qui avez aidé ou accepté toutes les révolutions, qui avez (beaucoup, du moins) porté le bonnet rouge, chanté la Marseillaise, servi la République!

Vous osez me reprocher d'avoir expulsé Christine, vous qui avez condamné Louis XVI, expulsé Charles X !...

Vous osez m'appeler cruel et barbare, vous qui avez pris pour devise : Rigueurs impitoyables !...

Vous osez me faire un crime de mon bombardement, vous qui avez assommé, fusillé, canonné, mitraillé, à Lyon, à Paris, en juin, en avril, vous qui ne vous laverez jamais du sang versé dans la rue Transnonain !...

Vous n'avez pas honte de parler de corruption, de délation, vous qui avez séduit et payé Deutz pour trahir et vous livrer la Duchesse de Berry, la nièce de votre Roi!

Vous avez le front de me reprocher le désarmement de certaines gardes nationales, des visites domiciliaires !...

Mais les Ministres, les Conserva‑ eurs et autres, l'interrompent tous à la fois et lui répliquent :

XIV. — Réplique des Conservateurs à Espartero.

Mais à quoi bon toutes ces récriminations? Tout cela prouve-t-il que votre bombardement ne soit pas un acte de brigandage? Tous les reproches que peut nous adresser le Peuple français peuvent-ils empêcher le Peuple espagnol et tous les Peuples de vous appeler ingrat, tyran, barbare? Si nous avons été coupables envers la révolution, envers la liberté, envers les véritables hommes de juillet, envers nos généreux ouvriers, tout cela peut-il empêcher que vous ne soyez criminel envers Barcelone qui vous avait donné la Régence, envers l'Espagne qui vous a montré tant de confiance, envers l'humanité que vous assassinez?

Oui, nous avons, en France, commis des erreurs, des fautes et quelquefois de déplorables violences ; nous avons été aveugles : mais c'est l'excès de vos excès qui nous ouvre enfin les yeux ; c'est l'abomination de votre présent qui nous dévoile les torts de notre passé; c'est le hideux de votre tyrannie qui nous éclaire, nous convertit, nous guérit; c'est l'exécration qu'inspire votre boucherie d'hommes qui nous fait blâmer, désavouer, condamner, regretter le Pont d'Arcole, la rue Transnonain, les canonnades de Lyon...

Arrêtez, s'écrie Espartero! Souffrez que je vous interrompe à mon tour, pour vous répondre à l'instant!

XV.— Réponse d'Espartero à la Réplique des Conservateurs.

Voyons, Messieurs les Ministres, Messieurs les Conservateurs, raisonnons :

Mais si vous êtes convertis, si vous regrettez vos violences passées, pourquoi donc continuez-vous vos bastilles? Pourquoi vous hâtez-vous tant d'en élever, non pas une, mais quatorze, mais vingt, mais cent ? Pourquoi ? Est-ce que ce n'est pas pour écraser une insurrection à Paris, comme j'avoue franchement, moi, que je fais reconstruire la citadelle de Barcelone pour y écraser une insurrection nouvelle ? Est-ce que vous, qui me reprochez de condamner les Barcelonais à reconstruire leur citadelle, vous ne condamnez pas, aujourd'hui même, les Parisiens et les Français à payer la construction de vos bastilles ? Et pourquoi tant de centaines et tant de milliers de canons et de mortiers, tant d'amas de poudre, de boulets, de bombes, de munitions de tous genres, préparés, aujourd'hui même, avec tant de précipitation, pour vos innombrables bastilles ? Est-ce que c'est pour envoyer des fleurs ou des dragées à vos aimables faubourgs ? Et pourquoi encore tant de casernes dans Paris, tant de préparatifs d'attaque et de défense ? Pourquoi tant de soldats accumulés autour de votre capitale ? Pourquoi ces fusils doubles pour les officiers de votre garde municipale, et ces baïonnettes-poignards pour vos municipaux ? Est-ce que, par hasard, si Paris s'insurgeait tout entier, comme en 1830, contre des ordonnances qui violeraient votre charte, la légitimité de cette insurrection aux yeux de Paris de la France et du monde, et l'unanimité dans la Bourgeoisie, dans la garde nationale, dans les boutiquiers, dans le peuple, vous empêcheraient, vous tous ensemble, Ministres et Conservateurs, de faire contre Paris ce que je viens de faire contre Barcelone, de vous servir de vos bastilles, de vos canons, de vos bombes, de vos soldats, pour ramener au devoir une ville qui serait rebelle et criminelle à vos yeux, pour y rétablir *l'ordre* et le règne de *la loi* ? A qui ferez-vous croire que vous reculeriez devant cette rigueur *salutaire* ? A qui persuaderez-vous que vous consentiriez à votre suicide, plutôt que de lancer des bombes qui pourraient brûler ou tuer les innocens comme les coupables, les femmes et les enfans comme les révoltés, vos amis comme vos ennemis, les hôpitaux, les églises, les monumens des sciences et des arts, comme les refuges des séditieux ? Et ces séditieux, êtes-vous, aujourd'hui même, moins impitoyables envers eux ? Ministres qui m'accusez ou me faites accuser d'implacable vengeance envers les vaincus, avez-vous eu seulement la pensée de solliciter la clémence de votre maître pour faire ouvrir les portes de Doullens, du Mont-St-Michel, de Brest, comme vous les avez fait ouvrir pour M. de Polignac et même pour l'infâme Quénisset ?

Cessez donc vos attaques contre moi, vous tous qui m'accusez ; taisez-vous ! car il n'est pas une de vos accusations contre moi qui ne retombe sur vous : si l'Espagne peut m'adresser des reproches, il n'en est pas un que la France ne puisse vous adresser à vous-mêmes ; si l'histoire, comme vous le prétendez, me réserve des malédictions, elle n'en réserve pas moins pour votre Système, que j'aurais eu le malheur d'avoir adopté ; il n'est pas jusqu'à ce système *militaire*, qui me fait tant d'ennemis en Espagne, dont vous ne me donniez, encore aujourd'hui, le fatal exemple dans votre France !

Encore une fois taisez-vous ! car, en parlant, vous ressemblez à ces insensés qui crachent droit en l'air, de manière que leurs crachats retombent sur leurs têtes et leur couvrent la figure !

A nous, maintenant, d'ajouter deux mots sur les bastilles.

XVI. — Voilà ce que sont les Bastilles !

Hé bien ! la chose est-elle claire maintenant , manifeste , incontestable ? Voit-on maintenant ce que sont les bastilles ? Les cataractes qui empêchaient tant d'yeux d'apercevoir que les fortifications de Paris sont de véritables bastilles, ces cataractes sont-elles enfin tombées ? Comprend-on enfin M. Guizot, M. Thiers, le *Courrier Français*, etc. , etc.... déclarant que les fortifications sont destinées pour le *dedans* autant que pour le dehors ? Comprend-on le maréchal Soult déclarant solennellement à la tribune qu'il se croirait déshonoré comme militaire aux yeux de l'Europe s'il présentait le projet de fortifications comme utile et nécessaire à la défense de Paris , mais qu'il n'y avait là qu'une question *politique* , et que , comme ministre du Roi , il défendait le projet présenté ?

Et M. Thiers viendra-t-il répéter encore qu'il ne se trouverait jamais un Gouvernement capable de bombarder sa capitale ou l'une de ses villes ? Ne voilà-t-il pas un Régent, presque Roi, un Conseil de Ministres tout entier, un marquis de Rodil , général , ministre de la guerre , président du conseil , un chef politique, des généraux Van-Halen et Zurbano, une foule d'autres généraux, qui tous, de concert avec le Gouvernement Anglais , désirent et exécutent un épouvantable bombardement ?

Et le *Globe* , organe de M. Guizot , ne dit-il pas en termes formels (p. 56 , relisez) que Charles X aurait bien fait de bombarder Paris , et que ce serait un *devoir* pour un chef de gouvernement de le bombarder, s'il s'insurgeait même unanimement !

Dira-t-on encore que les bastilles sont dirigées contre une *émeute* d'une minorité factieuse , et non pas contre une *insurrection* légitime d'une majorité ou de l'universalité , quand on voit l'insurrection de Barcelone, si générale, si unanime, si modérée, si généreuse, si pure d'excès, impitoyablement foudroyée comme une simple émeute ?

Soutiendra-t-on encore que l'armée est trop populaire et trop patriote pour exécuter un bombardement, quand on voit l'armée espagnole, privée de solde, mécontente, prête à faire cause commune avec le Peuple , se résigner néanmoins à bombarder ses amis et ses frères ? N'est-il pas bien prouvé que, quand une troupe est enfermée dans une bastille , sous les yeux d'une foule de généraux, quelques régimens de garde royale suffisent pour la contenir, et que quelques artilleurs, étrangers s'il est nécessaire, suffisent pour charger les pièces, auxquelles les officiers pourront mettre le feu ?

Les bourgeois, les boutiquiers, la garde nationale, les amis même du Gouvernement, peuvent-ils espérer encore que les bombes les épargneraient ?

Pourra-t-on répéter encore que la Province viendrait au secours de la capitale ?

Et l'on voit l'effet de bastilles, hérissées de murs et de canons, qu'une population insurgée, mais sans armes, ne peut pas même approcher, et qui peuvent dicter la loi par le blocus et la famine, sans exposer l'assiégeant au désagrément de bombarder !

Et remarquez l'immense danger des bastilles par la confiance et l'audace qu'elles inspirent à un Espartero, à un Rodil, à un Van Halen, à un Zurbano ! Sans bastilles, un Gouvernement se trouve réduit à respecter la loi : mais, avec des bastilles, les Espartero peuvent être naturellement enhardis à marcher tout droit, à travers le sang, les flammes et les ruines, au despotisme et à la tyranie.

L'Opposition avait donc mille fois raison quand elle repoussait l'embastillement; et la Postérité ne pourra pas concevoir un jour comment il a pu se trouver, en France, en mil huit cent quarante, tant d'hommes assez aveugles pour demander, défendre, accorder tant de bastilles autour de Paris. C'est la grande infamie du siècle, c'est la honte de la nation; c'est le crime, c'est le forfait d'un ministre dont le nom peut être voué dès à présent aux malédictions de la postérité !

XVII. — Ruineuse et folle dépense pour les Bastilles.

Que de millions engloutis par les Bastilles !
Et c'est la France qui les paie, pour s'emprisonner, s'embastiller, s'enchaîner, ou se préparer un bombardement !
Et la misère est si grande ! l'industrie souffre tant ! les manufactures, les pays vignobles, les ouvriers à Paris, à Lyon, partout, auraient tant besoin de travail et de secours ! Et on ne peut leur en donner à cause des dépenses qu'exigent les Bastilles !
Leur premier fruit, à ces maudites Bastilles, est le déficit !
A-t-on jamais vu plus de sottise, plus de folie, dans les dispensateurs de la fortune publique ?

XVIII. — Mais quel remède contre les Bastilles ?

Nous le répétons sans cesse, et nous ne nous lasserons pas de le répéter, les sociétés secrètes et les conspirations, les émeutes et les attentats, ne sont pas, à nos yeux, la voie qui conduira les Peuples à leur salut.

On a beau se tourmenter l'imagination, quelqu'irritantes et effrayantes que soient les Bastilles, on n'y voit de remède que dans l'opinion publique.

Sans l'opinion publique, une manifestation violente ne serait qu'une émeute, et l'émeute serait écrasée. Loin de remédier au mal, elle le décuplerait en consolidant les Bastilles. Rien ne serait si agréable à des ministres qui viseraient à la tyrannie, rien ne serait si fatal au Peuple.

Si l'opinion publique, au contraire, se prononce contre les Bastilles, cette opinion publique, qu'on appelle avec raison la Reine du monde, saura bien faire entendre la volonté nationale pour arrêter les Bastilles!

C'est donc l'opinion publique qu'il faut réveiller, éclairer, former; et c'est à ce but que nous dirigerons tous nos efforts.

Si notre voix était assez puissante pour être entendue, nous dirions à la masse des travailleurs, chez qui rien n'altère le sentiment de la dignité nationale : — donnez l'exemple, commencez, signez une pétition en deux lignes; qu'un million de vos signatures disent à ceux qui s'appellent les représentans du Peuple : « Députés, nous vous conjurons d'arrêter les Bastilles : nous aimerions autant la mort que l'embastillement! »

Mais on a tant abusé des pétitions, on en a tant dégoûté les citoyens, que nous ne proposerons pas même ce puissant moyen de manifester et d'encourager l'opinion publique.

XIX. — Fautes des Républicains de Barcelone. — Grandes leçons pour le Peuple.

C'est au Peuple surtout que l'insurrection de Barcelone présente de précieuses leçons. Son intérêt exige qu'on lui dise toute la vérité : nous la lui dirons sans tergiversation, avec la conscience que nous lui rendons un immense service, et que nous acquittons le devoir qu'impose l'amour sincère de l'humanité.

D'abord, honneur, cent fois honneur au Peuple de Barcelone pour sa modération, sa justice, sa générosité, son respect de l'ordre pendant dix-sept jours de victoire, à l'imitation de nos héros des trois jours ! S'il eût commis le moindre excès contre les propriétés et les personnes des vaincus, ç'aurait été un excès commis réellement contre lui-même, un excès qui aurait compromis sa cause et celle de tous les Peuples. On aurait oublié les barbaries d'Espartero pour ne parler que des violences populaires, en les exagérant même. Que n'eût-on pas dit contre lui ? Toute la presse, qui lui montre tant d'intérêt pour ne maudire que le bombardeur, aurait excusé, justifié même le bombardement, en réservant toutes ses malédictions, toutes ses imprécations, contre l'Emeute, les Prolétaires, les Républicains, dont elle aurait fait autant de Communistes dans l'espérance de les mieux flétrir (comme faisait déjà un journal trompé) ; le Peuple aurait été écrasé moralement autant que matériellement ; la férocité du Régent aurait eu raison sous tous les rapports ; la cause populaire aurait perdu tout ce que les bastilles et le bombardement auraient gagné dans l'opinion ; et tous les Peuples d'Europe accuseraient les ouvriers Barcelonais, comme toutes les Aristocraties les flétriraient. — Quelle différence aujourd'hui ! Vaincu matériellement par la force brutale, le Peuple de Barcelone triomphe presque moralement ; toute l'Europe s'intéresse à son malheur autant qu'elle applaudit à sa modération ; la tyrannie victorieuse est moralement frappée à mort au milieu de sa victoire ; et c'est la cause des Peuples qui reste en réalité triomphante à la fin de cet effroyable drame. Honneur donc, honneur au Peuple de Barcelone !

Mais, après ce grand fait de la générosité populaire qui domine toute la scène, que de fautes n'avons-nous pas à signaler !

D'abord, il paraît évident que les Républicains étaient en minorité en Espagne, même en Catalogne, même à Barcelone, et que l'opinion publique n'était pas pour la République ; il paraît que les Républicains ne pouvaient rien sans le secours des modérés ou des libéraux, ou des constitutionnels, et même des Christinos qui, presque seuls, avaient la fortune et l'influence et possédaient les hauts grades dans la Garde nationale. Hé bien ! une minorité courageuse peut bien faire un coup de main et gagner une bataille ; mais une victoire militaire ne constitue ni une insurrection ni une révolution. C'est le lendemain qui est le plus difficile peut-être ; et si l'opinion publique n'approuve pas et ne vient pas au secours, si la majorité oppose la force d'inertie, la minorité victorieuse se trouve paralysée après son inutile victoire.

Pour qu'un Parti puisse accomplir une révolution contre une tyrannie qui l'opprime, il faut qu'il ait l'apparence et l'allure de la force, pour encourager et déterminer ceux de ses amis qui sont timides et incertains, pour effrayer et paralyser ses ennemis. Tout le monde a intérêt à se joindre et se joint au Parti fort ; tout le monde croit avoir intérêt à abandonner et même à combattre un Parti faible. Pour réussir en révolution, il faut de la résolution, et par conséquent des chefs énergiques et capables ; il faut des plans, de l'activité sans perdre un moment, des progrès préci-

pités. « Une Insurrection qui ne marche pas , dit le Gouverneur
» de Madrid devant le Sénat, est une insurrection perdue ; et
» puisque celle de Barcelone n'est pas sortie de ses murs , c'est
» une affaire finie, c'est une vaine échauffourée ; il ne nous reste
» qu'à décider du sort des rebelles vaincus. » Mais, pour marcher,
pour avoir de la résolution, pour montrer de la force, il faut avoir
l'opinion publique, il faut n'être pas une faible minorité.

Si les Républicains avaient eu la majorité ou la force , ils au-
auraient, dès le premier jour, franchement arboré leur drapeau ,
marché tout de suite en avant, pressé et entraîné la troupe,
puis entraîné la Catalogne et l'Espagne , sans que les divisions et
l'anarchie eussent pu trouver aliment et place. — En se levant
sans être assez forts, les Républicains Barcelonais se sont nécessairement exposés à tout ce que nous avons vu. — Ils nous paraissent donc avoir eu tort de s'insurger; et ce premier tort, ce
grand tort, ce tort capital, a enfanté toutes leurs autres fautes et
tous leurs malheurs , en compromettant en outre la cause de
tous les Peuples.

Ils se croyaient peut-être en majorité et assez forts ; ils comp-
taient sur la Catalogne et sur beaucoup de grandes villes d'Espagne : mais cette opinion était probablement le résultat de
leurs sociétés secrètes ; et l'un des plus grands dangers de ces
sociétés, où tout contrôle est impossible et le mensonge ou l'exagération si facile , c'est de transformer quelques pistolets en arsenal ou magasin d'armes , quelque monnaie en trésor, quelques
compagnies en armée , et de faire croire qu'on a armée, arsenal
et trésor quand on n'a presque rien.

Ce n'est pas tout d'ailleurs d'avoir une bonne armée; il faut
aussi de bons généraux; il faut au moins un chef habile , expéri-
menté, connu, influent, capable de parler aux ennemis comme
aux amis. Ce serait une des plus funestes erreurs que de croire
qu'un ouvrier, par cela seul qu'il est brave et sensé , peut-être
subitement transformé en général, en chef civil ou politique ou
militaire. — Du reste , écoutez bien la leçon que vous donnent à
ce sujet les *Débats* :

« Les Barcelonais avaient compté sur le soulèvement de toute
la Catalogne ; l'isolement où ils se sont vus a jeté la perplexité
dans leurs âmes. De là leur inaction, leur irrésolution. Armés et
vainqueurs , ils n'ont rien entrepris pour faire fructifier le succès
d'un moment. Leur exaltation s'est refroidie aussi vite qu'elle
s'était allumée. Celui qu'ils avaient choisi pour chef dès le premier jour, Carsy, lieutenant sans emploi et rédacteur d'une
feuille républicaine, a bien pu soulever ses concitoyens par des
publications incendiaires et par son exemple; mais il faut une
capacité plus étendue, d'autres qualités plus rares, pour régir

une grande ville dont on se trouve tout à coup le maître, pour improviser des ressources et des projets, et pour conduire à un but déterminé les masses populaires. Du courage personnel et des écrits violens ne suffisent pas à une telle œuvre. »

Quelle faute ne commet pas ce Carsy, chef apparent du parti républicain, et choisi pour être le dictateur de l'insurrection, lorsque, dans son journal *El Republicano*, il publie et reproduit sans cesse un *plan de révolution* et une *vignette* si capables d'effrayer (p. 6)? A quoi peuvent servir de pareilles menaces si le parti est fort et doit être vainqueur? Et si le parti est faible, ne peuvent-elles pas déterminer sa défaite et fournir un prétexte à toutes les vengeances? Nous apercevons bien que la police ou les Christinos pouvaient avoir intérêt à souffler et à soudoyer des publications si violentes, qui devaient nécessairement perdre le parti républicain avant le combat ou après sa victoire; mais nous ne pouvons apercevoir l'utilité de ces publications; et il nous est tellement impossible de n'y pas soupçonner quelque provocation machiavélique et quelque perfidie, que nous désirons vivement que Carsy (dont toute la conduite est d'ailleurs si extraordinaire, si inexplicable, si funeste) publie la narration détaillée et la justification complète de tous les faits.

Il nous est impossible aussi de ne pas soupçonner que le parti républicain s'est laissé duper, exploiter par une conspiration christinos. On s'est adressé à lui pour le combat, parce que seul il avait le courage nécessaire; on lui a fourni de l'argent et des armes, en affirmant que c'était par patriotisme et républicanisme; mais on entendait ne s'en servir que comme d'un instrument, pour le supplanter après sa victoire, en le décréditant d'avance, ou en lui faisant élire des chefs sans influence et sans capacité.

Peut-être lui a-t-on proposé d'avance une *coalition* qu'il aura acceptée, espérant lui-même que les Christinos l'aideraient à vaincre, et qu'il serait assez fort pour profiter seul de la victoire.

Mais Barcelone démontre trop combien sont trompeuses et dangereuses ces coalitions, dans lesquelles chacun des coalisés s'occupe bien plus de supplanter les autres que d'achever la défaite de l'ennemi commun vaincu.

Les partis assez forts pour révolutionner n'ont pas besoin de coalition; la coalition ne peut être nécessaire qu'aux partis faibles; mais la faiblesse et la coalition n'ont presque pas de chances de succès.

Quelle faute de s'insurger sur une question d'octroi, particulière à Barcelone, au lieu de choisir la question du traité de commerce, commune à toute l'Espagne! Quelles chances bien autrement grandes, si l'on avait attendu la démission des députés catalans et leur arrivée à Barcelone, comme c'était, dit-on (p. 51), le plan de la conspiration christinos! Mais c'est l'impatience et la précipitation qui font avorter presque toujours tous ces projets!

Nous ne parlons pas de cette première proclamation de Carsy (p. 8), dans laquelle il dit *je*, comme le faisait Napoléon, ce qui devait paraître bien présomptueux, ce qui devait inspirer peu de confiance en indiquant peu d'habileté.

Mais comment ce Carsy peut-il avoir eu l'idée de faire une pareille proclamation? Qui est-il? Quel est son titre et son droit pour obtenir la confiance et obtenir ainsi la direction? Comment et pourquoi se trouve-t-il élu? Qui sont ces conseillers composant avec lui la junte? Est-il vrai que tous soient des hommes inconnus et sans influence? Le parti n'avait-il donc aucune capacité notable? Mais alors, quelle faiblesse et quelle faute pour une pareille entreprise!

Et quelle imprévoyance, quelle inexpérience, quelle folie dans cette première Junte populaire directrice, qui, sur la seule demande du consul de France, le 16, laisse embarquer les familles de Van Halen et de Guttierez, que la garde nationale de Barcelonette venait d'arrêter et de faire prisonnières, pour s'en servir comme d'ôtages contre le bombardement! Sans doute, il faut être généreux, même envers un ennemi, et surtout se montrer humain envers des femmes et des enfans; mais quand on est à la guerre, on est à la guerre: si l'on recule devant ses conséquences, il faut conserver la paix ou rester chez soi; il faut surtout ne pas se faire général et ne pas prendre ou accepter la direction de l'armée dont on doit alors assurer le salut. Est-ce que la Junte craignait de tirer sur la troupe qui tirait sur elle? Est-ce que Van-Halen et Guttierez craignaient de bombarder, de tuer des centaines et des milliers de femmes et d'enfans? Est-ce qu'ils auraient craint de prendre ou de retenir des ôtages? Si la Junte leur avait déclaré qu'elle exposerait leurs femmes et leurs filles aux coups de leurs bombes, peut-être, probablement même, elle aurait évité le bombardement et sauvé la population de Barcelone et l'insurrection. En laissant partir les femmes et les filles des bombardeurs, elle a sacrifié, perdu toutes les femmes, tous les enfans de Barcelone, tous les insurgés, et la cause populaire en Espagne!

Quelle faute aussi de recevoir, d'écouter (le 16) et d'appeler (le 17) le consul de France, l'agent d'un gouvernement étranger, qui ne voit et ne peut voir que l'intérêt de son gouvernement, et qui naturellement doit se trouver toujours prêt à sacrifier l'intérêt espagnol à son intérêt personnel, toutes les fois que ces deux intérêts sont inconciliables. Aussi, Barcelone verra-t-elle avec étonnement que, pour se justifier vis-à-vis le Régent et l'Angleterre, le Consul français se vantera que ses actes auront plutôt NUI que servi à l'insurrection ! Et les peuples verront bien par là que, dans les guerres civiles, rien n'est ordinairement dangereux comme les conseils et même le secours apparent de l'étranger !

Écoutez d'ailleurs ce que dit *Carsy*. dans une lettre justificative qu'il vient de publier dans les journaux de Marseille :

« Que l'on sache donc, puisque la presse anglaise m'oblige à le dire, que les dames Van Halen, etc., ne furent *enlevées* qu'à l'aide d'un charitable subterfuge de M. le consul. »

« Le représentant de la France s'étant présenté à la Junte, me demanda si je m'opposerais à la sortie d'une *famille française* à laquelle il venait de délivrer un passeport; c'était la première visite que je recevais de lui. Je n'hésitai pas à le satisfaire, et la famille en question allait s'embarquer, lorsque j'eus avis que c'étaient les *dames Van Halen* avec le général *Chacon;* mais je ne voulais pas revenir sur ma parole; M. le consul, en ne songeant qu'à l'*humanité* qui m'est, certes, aussi chère qu'à personne, ne nous enleva pas moins de précieux ôtages politiques, des ôtages dont la présence eût arrêté peut-être le *bombardement*. »

Ainsi, le Consul a fait un mensonge et trompé le Président de la Junte, pour un fait infiniment grave dont pouvait évidemment dépendre le salut de Barcelone! Par cette tromperie, il est peut-être la cause du bombardement et de toutes ses calamités !

Et comment Carsy peut-il appeler cet acte un acte d'*humanité*, *charitable subterfuge* ? Comment un chef d'insurrection peut-il se m'éprendre ainsi et se croire lié par une parole surprise par une fraude si dangereuse ?

Quelle faute encore de déclarer, dans le plan de révolution publié par Carsy dans son journal *El Republicano*, que le Peuple pourrait déposer sa Junte s'il désapprouvait sa marche! N'est-ce pas ouvrir la porte à l'anarchie et aux divisions, qui sont peut-être le plus redoutable des dangers dans une révolution. Pourquoi nommer une Junte directrice, si l'on ne devait pas se laisser diriger par elle ? Pourquoi choisir tels et tels directeurs, s'ils n'étaient ni connus, ni dignes de confiance ?

La Junte pouvait, il est vrai, mal diriger et même trahir, et c'est pourquoi il fallait choisir des hommes bien connus et bien éprouvés ! Mais n'était-il pas possible aussi que des fous ou des traîtres, se prétendant le peuple et criant en son nom, attaquassent une Junte qui dirigeait bien et perdissent tout par l'anarchie ? car c'est au Peuple surtout que l'anarchie est funeste, et c'est le Peuple surtout qui doit redouter l'anarchie.

Que dirons-nous de cette Junte populaire qui s'adjoint, presque à l'instant, une Junte Christinos, réellement *directrice* sous le titre de Junte *consultative* ? N'est-ce pas abdiquer réellement et céder la place aux Christinos ? N'est-ce pas proclamer l'impuissance du parti Républicain, décourager tous ses amis et tout perdre ? Voilà l'effet des coalitions et des insurrections entreprises par une minorité trop faible !

Et voyez les divisions, les discordes, les récriminations ! Ecoutez la leçon que donne encore ici les *Débats* :

« Les partis se chargeaient mutuellement des récriminations les plus vives, chacun d'eux accusant l'autre d'avoir perdu la cause catalane qu'ils avaient prétendu défendre. Les modérés, qui en voulaient seulement au despotisme militaire et à l'introduction des cotonnades anglaises, accusent les républicains d'avoir effrayé la province et le reste de l'Espagne par leurs principes révolutionnaires, et d'être cause de l'isolement où Barcelone est restée. Ceux-ci disent que l'indécision, ou contraire, a tout perdu ; qu'il aurait fallu de prime abord décréter nettement la République et marcher avec résolution pour rallier les Catalans sous cette bannière, au lieu de rester clos dans les remparts. Toutes ces récriminations ne menaient à rien : il fallait se rendre, car l'enthousiasme était tombé, et la discorde intestine qui le remplaçait ne faisait qu'empirer la situation. »

Que pourrions-nous dire surtout de ce président de la Junte, si révolutionnaire et si violent dans son plan de révolution, si menaçant dans la vignette de son *El Republicano*, et de cette Junte qui, dans sa première proclamation (p. 11) reprochait à la municipalité d'avoir abandonné la ville, qui tous ensemble déclaraient qu'ils sauraient mourir à leur poste, et qui, dès que les Christinos veulent capituler, leur cèdent la place, abandonnent le Peuple dans tous ses périls, et ne pensent plus qu'à fuir sur des vaisseaux, tandis que la cause n'est pas encore désespérée, tandis que le Peuple voudra se battre encore, tandis que l'indignation contre Espartero finira par pousser tout le monde à la résistance, tandis que les Républicains les redemanderont vainement pour les remettre à leur tête, tandis qu'ils pourraient tout sauver encore s'ils n'avaient pas fui et s'ils avaient de l'énergie ! C'est ici qu'on voit bien qu'il ne suffit pas d'être violent dans un journal pour être courageux, et de urer dans une proclamation pour être brave et fidèle !

Ah ! quel bonheur pour la cause populaire que l'insurrection ait été modérée et généreuse ! Car autrement, que d'accusations flétrissantes la conduite de quelques chefs et de quelques soldats n'aurait-elle pas attirées sur elle !

Nous le répéterons, quand on est timide, il faut rester chez soi ; et quand on craint le danger, il ne faut pas accepter et surtout briguer un poste périlleux. Quand on se fait chef populaire dans une insurrection, il faut se vouer d'avance à la mort et faire auparavant son testament !

Quelle attitude ont, aux yeux de l'Europe, ces chefs d'insurgés qui fuient, et ces insurgés qui finissent par se laisser désarmer par les Christinos de la Garde nationale épouvantés de la menace du bombardement ! Quelle attitude différente auraient ces chefs et ces soldats, si, comme beaucoup en avaient la résolution, tous s'étaient enfermés dans la citadelle et s'y étaient fait tuer jusqu'au dernier, préférant y recevoir, dans la chaleur du combat, une mort mille fois moins affreuse que la fuite ou l'échafaud ! Combien Espartero serait plus exécrable encore ! Qui sait si la Catalogne, électrisée par le dévouement de ces nouveaux Léonidas, ne serait pas accourue pour les sauver, et ne les aurait pas sauvés en effet ! Et combien d'intérêt le sacrificec de ces martyrs n'aurait-il pas ajouté à la cause de la liberté !

Mais que d'affligeans spectacles donne au monde ici l'anarchie, fruit de la coalition des partis ! Qu'il est douloureux de voir les insurgés se fusiller entre eux, parce que les uns veulent capituler et les autres se défendre, et la garde nationale christinos désarmer quelques corps francs républicains, parce qu'elle était moins conséquente, moins constante, moins courageuse que ces malheureux ouvriers qu'elle avait excités d'abord ! Qu'il est désolant surtout de voir les gardes nationaux de Barcelonette se laisser tromper ou corrompre par des officiers anglais, déserter la cause populaire, trahir le peuple, perdre l'insurrection en s'emparant de la citadelle (chose horrible à dire !) pour la livrer à Van Halen, et lui livrer même (chose plus épouvantable encore !) deux cents Républicains qui cherchaient sur les vaisseaux un asile contre la mort ! Et ces gardes nationaux de Barcelonette qui arrêtent aujourd'hui les Républicains sur le rivage sont les mêmes qui, le 16, sur le même rivage, arrêtaient les familles de Van Halen et de Guttierez !

Voilà comme la violence, dans un sens, n'est pas une garantie contre la violence en sens opposé !

Voilà comme il est dangereux pour le Peuple d'écouter des étrangers !

Voilà comme le Peuple se perd lui-même par son ignorance, son inexpérience et sa crédulité !

Et voilà pourquoi nous répétons sans cesse que le plus grand intérêt du Peuple est de s'éclairer et de se moraliser !

Nous finissons : cependant deux mots encore.

XX. Désordre social.

Hé bien, en voilà-t-il du désordre social ! — Des Gouvernemens tellement constitués que la guerre est presque perpétuelle entre eux et leurs Peuples ; — des Peuples opprimés, misérables, mécontens, désespérés, toujours prêts à s'insurger pour obtenir un meilleur sort ; — des Gouvernemens qui, au lieu de ne travailler qu'au bonheur des Peuples, ne travaillent que dans leur intérêt personnel ; qui, au lieu de chercher à prévenir les insurrections en rendant les Peuples heureux, ne s'occupent que de les réprimer et de les écraser, quand le désespoir les insurge ; qui, pour leur propre salut, dépensent les trésors des nations pour construire des bastilles, pour fondre des canons et des bombes ; qui bombardent, fusillent, mitraillent, exterminent ou ruinent ceux qu'ils appellent leurs enfans et dont ils se disent les pères !

Mais ce serait puéril de se borner à gémir sur le mal sans en chercher courageusement le remède !

Et le mal est certainement dans le principe d'*individualisme* et d'*égoïsme* qui partout sert de base à l'organisation sociale actuelle, principe qui enfante la cupidité, l'ambition, l'orgueil, l'inhumanité, l'excessive opulence de quelques uns et l'extrême misère de la masse, les rivalités, les jalousies, les haines, la discorde et la guerre.

Et tous, tant que nous sommes, grands et petits, riches et pauvres, puissans et faibles, gouvernemens et gouvernés, nous sommes ce que nous font l'éducation et la société ; tous, même les Espartero, nous sommes les victimes de cette déplorable organisation sociale, en sorte que c'est moins contre les hommes que contre les mauvaises institutions que nous devons diriger notre animadversion et nos efforts.

Et le remède n'est pas dans les conspirations et les attentats, dans les insurrections et les révolutions; car une révolution, même populaire, qui conserverait le principe d'individualisme et d'égoïsme, conserverait nécessairement avec lui toutes les discordes, toutes les misères, toutes les calamités dont nous gémissons, et qui en sont les inévitables et fatales conséquences.

Et ce remède ne peut être que dans une nouvelle organisation sociale basée sur le principe contraire, c'est-à-dire sur le principe de l'*intérêt général*, ou *public*, ou *commun*, de l'*égalité*, et de la *fraternité*, principe proclamé par le fondateur du christianisme, par la Révolution française et par la première constitution Espagnole.

Et ce principe de fraternité, réellement appliqué dans toutes les lois et dans toutes les institutions, amènerait la meilleure éducation pour tous, plus d'ordre et de production dans l'industrie, l'aisance pour tous en travaillant, l'union et la paix avec la félicité des familles, des individus et de la société.

Et si l'*Opinion publique* adoptait un pareil système, cette opinion publique, qu'on appelle avec raison la *Reine du monde*, suffirait pour l'établir tôt ou tard.

Et nous verrions enfin une organisation sociale plus digne de l'homme garantir à la fois la sécurité des Gouvernemens et le bonheur des Peuples.

Janvier 1843. CABET.

Quelques faits omis plus haut (p. 81) et ajoutés ici.

La Patrie (15 *déc.*) *montre combien Vincennes est menaçant :*

« *Vincennes* n'est plus ce château sans casemates, sans logemens de siége, entouré de quatre malheureux fossés que les soldats auraient franchis avec une perche; c'est maintenant une forteresse formidable à mi-portée de canon de Paris, bourrée de canons et de munitions, et désormais pourvue de logemens immenses à l'épreuve de la bombe. Par les routes qui existent déjà entre cette forteresse et les forts détachés, en quelques jours les 14 autres bastilles pourront être armées et approvisionnées, Les travaux de Vincennes seront bientôt terminés. »

*Sur les citadelles d'*ALFORT *et de* VINCENNES, *le* Commerce (21 *décembre*) *dit :*

« Le roi, en visitant hier la forteresse d'*Alfort*, a pu juger de son importance et de son état d'avancement. Les murs des bastions et des courtines sont complètement montés et prêts à recevoir les canons qui doivent les défendre. A l'intérieur, les magasins à poudre, au nombre de trois, sont aussi terminés ; les casemates crénelées qui avoisinent ces derniers, ont aussi reçu le dernier coup de marteau. Quant à l'entrée de ce fort faisant face à l'école vétérinaire, et qui n'en est éloigné que de 70 à 80 mètres, tout est déjà prêt pour la pose de son pont-levis. Cette citadelle, qui commande le cours de la Seine et celui de la Marne, ainsi que les routes de Troyes et d'Italie, sera armée de 80 à 90 canons et obusiers dont les feux se croiseront en tous séns, tant sur Paris que du côté de la plaine. Enfin, des dispositions sont prises pour ériger deux fortes casernes crénelées avec donjon, au centre de cette formidable forteresse.

» L'attention du roi, dans sa visite à Vincennes, s'est notamment arrêtée sur plusieurs pièces de canon et obusiers déposés depuis peu à l'arsenal, et qui doivent concourir à l'armement des bastilles. Déjà même une commission est nommée pour faire prochainement l'essai de ces bouches à feu au polygone.

» On peut juger de l'empressement que le gouvernement apporte à l'embastillement de la capitale, par ce fait que plus de deux cents bouches à feu destinées à l'armement des forts détachés, devront être livrées à l'arsenal de Paris d'ici au mois de mai prochain. Ce fait est de nature à appeler des demandes d'explications aux chambres. »

Sur les **CASERNES** *de Paris, écoutez ce que dit le* Commerce
(24 décembre) :

« Il vient d'être décidé que diverses mesures seraient prises pour mettre les casernes de Paris à l'abri d'un coup dé main. Parmi ces mesures, on cite l'établissement de banquettes intérieures qui permettront de faire le coup de fusil par dessus les murailles qui bordent la voie publique.

Et le malin *Corsaire* ajoute :

« On assure qu'un des commissaires près les théâtres royaux est parti pour étudier la mise en scène du bombardement de Barcelone. »

Quelques faits importans survenus.

Le *Commerce* du 31 décembre dit :

« Aujourd'hui, à une heure de l'après-midi, S. M. la *Reine des Français*, Madame Adélaïde, la duchesse de Nemours et la princesse Clémentine sont allées rue de Courcelles, rendre visite à la *Reine Christine.* »

Et cependant Espartero accuse Christine d'avoir organisé et provoqué l'insurrection de Barcelone !

La *Patrie* du 10 janvier, rendant compte de l'ouverture de la session législative par le Roi Louis-Philippe, dit :

« Une tribune, située au dessus du centre gauche, est préparée pour la *Reine Christine*, ex-Régente d'Espagne............ A deux heures moins un quart, on entend le canon qui annonce le départ du Roi du château des Tuileries. Peu de temps après, la Reine Christine entre dans sa tribune. »

Que veut dire cette distinction imaginée (si nous ne nous trompons pas) pour la première fois ?

La *Patrie* ajoute cette circonstance remarquable :

« Depuis le matin, le service et la garde du palais et de toutes ses dépendances avaient été remis au Préfet de police et à ses agens. Tous les employés et gens de service, qui demeurent dans ce palais, avaient dû livrer les clefs des appartemens ou des chambres qu'ils y occupent. »

Quelle horrible situation que celle où l'on se croit forcé de se défier même des employés d'une Chambre si dévouée !

REMPLACEMENT DE GUTTIEREZ.

Guttierez n'est plus chef politique de la Catalogne. C'est le général *Seoane* qui le remplace, ainsi que Van Halen. — Une lettre de Barcelone annonce ainsi l'arrivée du remplaçant :

« Le général *Seoane*, universellement haï pour les insultes qu'il a prodiguées à la province, est venu prendre le commandement de notre district militaire. Les corps de la garnison étant allés le complimenter, il a dit à celui de Guadalajarra : « La sédition de Barcelone contre le gouvernement et l'armée est un fait scandaleux. Elle ne se reproduira pas, car elle a été payée cher : mais si cela arrivait, je ne sacrifierais pas une goutte de sang de mes soldats, je *raserais la ville* avec des bombes et je *mettrais le feu* à ce qui resterait debout. »

Espartero est arrivé le 1er janvier à Madrid.

Un acte d'accusation contre le ministère devant être lu à la première séance des Cortès, Espartero dissout à l'instant la Chambre et convoque les nouveaux députés au 3 avril.

La Presse coalisée publie une protestation contre tout traité du Régent avec l'Angleterre.

Les Chefs de la Garde nationale de Figuières adressant quelques représentations à *Zurbano*, celui-ci leur répond : « Je ferai fusiller quiconque contreviendra à mes ordres ; qu'on se plaigne ensuite aux Cortès pour qu'elles défassent mon ouvrage ! »

Du reste, vous allez voir ce qu'est Zurbano !

Biographie de Zurbano.

Le premier numéro de la *France littéraire*, Revue mensuelle qui vient de paraître sous la protection spéciale de M. Guizot, contient la notice suivante :

« Zurbano, autrement nommé Varia, est né dans un village de la Rioja. Son père tenait une auberge d'où il sortait de temps en temps pour arrêter les voyageurs. Son fils Martin Zurbano, le favori d'Espartero, exerça un moment la même profession ; mais il l'abandonna bientôt pour embrasser la profession plus lucrative de contrebandier ; il la continua pendant plusieurs années, faisant, en outre, quand l'occasion se présentait, des excursions sur les routes royales. En l'année 1830, ayant attaqué et forcé, en compagnie de quelques mauvais sujets du pays, la maison d'un curé qui passait pour riche, il s'y appropria une somme de 12,000 piastres. Mais la justice étant intervenue, Zurbano fut condamné par sentence de la cour royale de Valladolid, à la peine de mort. Il avait été assez heureux pour se dérober aux poursuites de la justice. Il se réfugia en Portugal. Il y était encore lorsque la division commandée par le général Rodil entra dans ce royaume pour en faire sortir don Carlos. Zurbano trouva, à ce qu'il paraît, l'occasion de rendre quelques services aux troupes de la reine, ce qui lui valut, lorsque le général rentra en Espagne, d'être recommandé par lui à la clémence royale ; et, quelque temps après, le gouverneur civil de Logrono, don Pio Pita Pizarro , lui fit obtenir sa grace. Zurbano s'étant placé bientôt après à la tête d'une troupe de partisans, se mit à la disposition des généraux de l'armée du Nord ; et, en toutes circonstances, il se signala par sa cruauté et par ses excès ; mais il n'avait été revêtu d'aucun grade militaire, jusqu'au moment où Espartero eut résolu de s'en faire un instrument pour ses desseins ultérieurs. Zurbano avait pris part ouvertement aux scènes sanglantes, dans lesquelles Mendivil périt en 1838 à Vittoria ; mais au moment où la justice commençait à informer contre lui, l'intervention d'Espartero arrêta les poursuites, et Zurbano continua à obtenir les bonnes graces du général en chef. Depuis lors, il n'a cessé de témoigner sa reconnaissance au régent ; on sait les preuves qu'il lui en a données , d'abord dans les affaires de Bilbao , en octobre 1840, et dans les derniers événemens de Barcelone. »

N'est-ce pas déshonorant pour l'armée espagnole et pour l'Espagne ! Voilà la moralité du Pouvoir militaire !

Voilà le bras droit du Régent ! le maître de Girone ! L'insurrection contre un pareil monstre n'est-elle pas excusée d'avance ? Mais, quand un Régent veut bombarder il manque rarement de Zurbano !

FIN.

TABLE DES MATIÈRES.

FIN DE LA TABLE.

Paris, Impr. BOULÉ et Comp., rue Coq-Héron, 3.

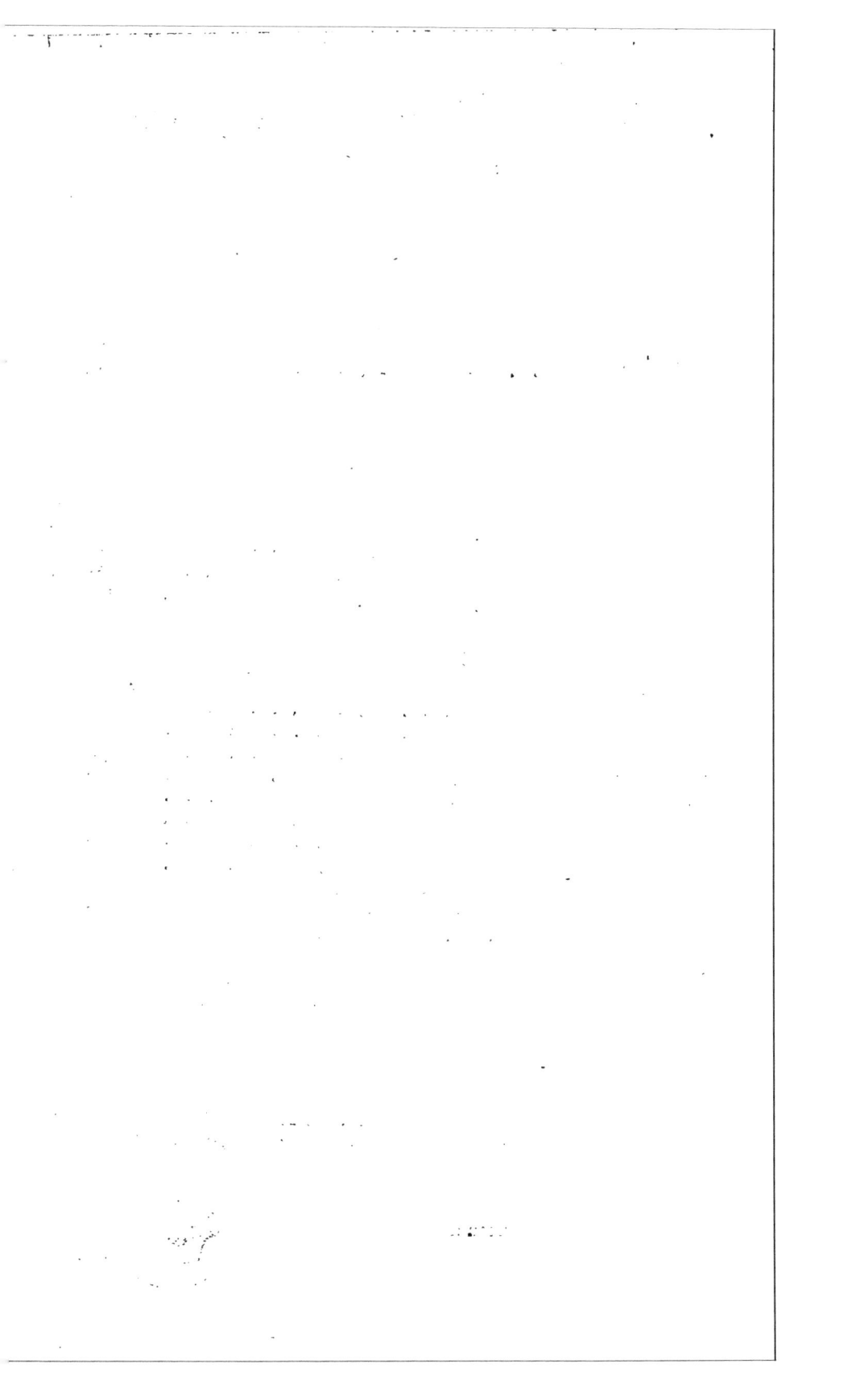

RÉCENTS OUVRAGES DE M. CABET.

HISTOIRE POPULAIRE de la Révolution française de 1789 à 1830, 4 vol. in-8. . . 18 fr.

CONTRE LES BASTILLES.

POINT DE BASTILLES ! . . . . 30 c.
L'EMBASTILLEMENT serait la ruine de Paris et de la France. . . . . 50 c.
DIALOGUE sur les Bastilles entre M. Thiers et un courtisan. . . . . 15 c.

CONTRE LE NATIONAL.

LE NATIONAL traduit devant le tribunal de l'opinion publique par M. Cabet,
et M. Cabet se défendant contre le NATIONAL. . . . . 50 c.
Procès de M. Cabet contre le *National*. . . . . 30 c.
NOUVELLE RÉPONSE de M. Cabet aux nouvelles attaques du *National*. . . . . 15 c.

SUR LA COMMUNAUTÉ.

Comment je suis Communiste. . . . . 15 c.
Credo Communiste. . . . . 15 c.
12 Lettres d'un Communiste à un Réformiste. . . . . 1 fr. 50 c.
Réfutation des ouvrages de l'*Abbé Constant*. . . . . 30 c.
    — de l'*Humanitaire*. . . . . 15 c.
    — de l'*Atelier*. . . . . 30 c.
Procès Quénisset. . . . . 60 c.
Ma ligne droite, ou le véritable chemin du salut pour le Peuple. . . . . 60 c.
Propagande Communiste. . . . . 15 c.
Le Guide du Citoyen aux prises avec la Police et la Justice. . . . . . . 30 c.
Toute la vérité au Peuple. . . . . 50 c.
Le Démocrate devenu Communiste malgré lui, ou Réfutation de M. Thoré. . 20 c.
Réfutation de quatre Articles du *Dictionnaire politique*, ... 15 c.
Utile et franche explication avec les Communistes lyonnais. . . . . . . 25 c.

Almanach Icarien (3ᵉ *édition*), 50 c.

NOUVELLE ÉDITION DU *VOYAGE EN ICARIE*, 4 fr.

LE POPULAIRE

Paraît tous les mois. — Paraîtra incessamment tous les dimanches.
Pour un an : 12 fr. — Pour 6 mois : 6 fr. — Pour 4 mois : 4 fr.
Bureau : rue J.-J. Rousseau,

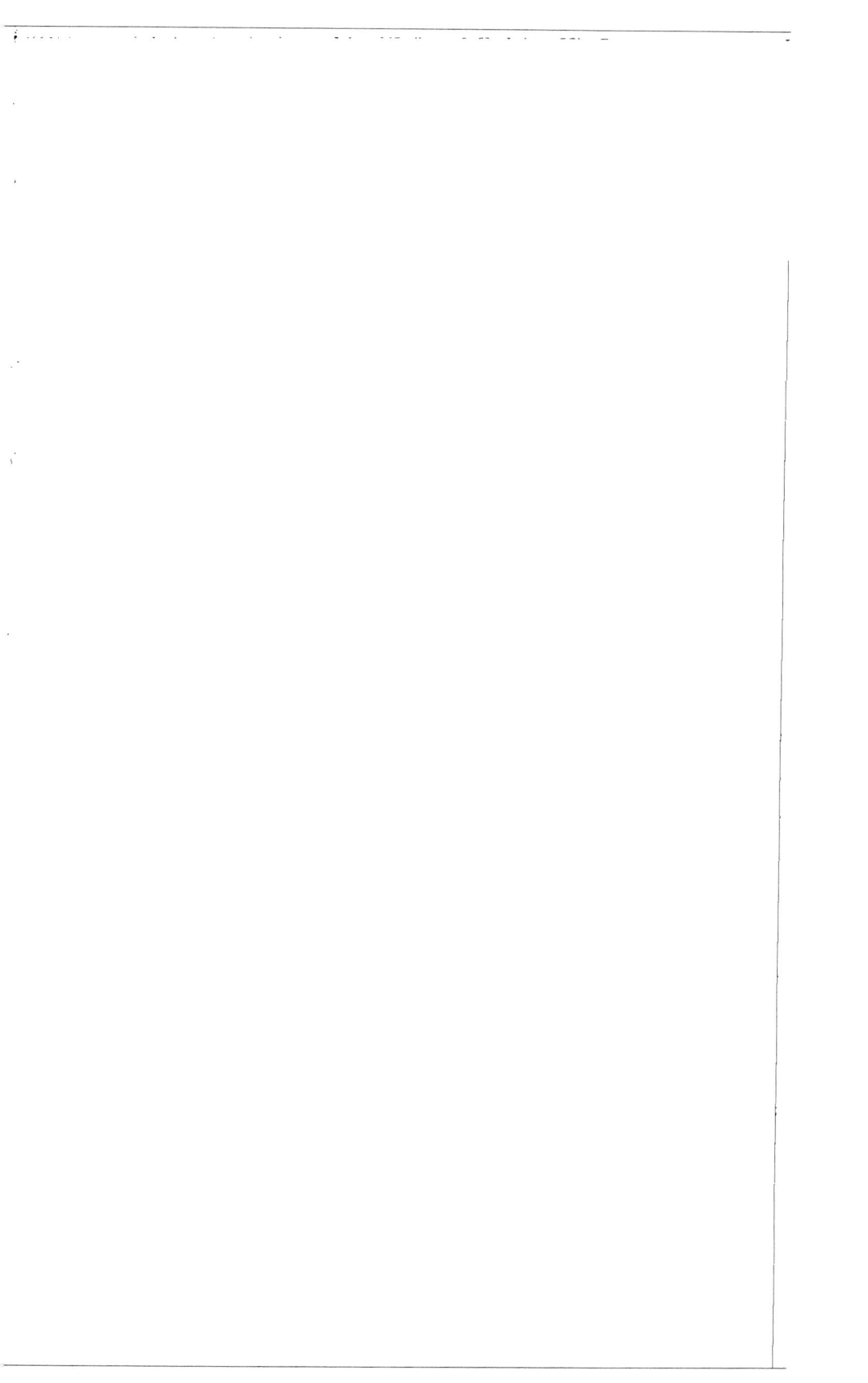

www.ingramcontent.com/pod-product-compliance
Lightning Source LLC
Chambersburg PA
CBHW071821090426
42737CB00012B/2154